FEDERICA PANICUCCI

IL CORAGGIO DI ESSERE FELICE

Sperling & Kupfer

Pubblicato per

Sperling & Kupfer

da Mondadori Libri S.p.A.

IL CORAGGIO DI ESSERE FELICE

ISBN 978-88-200-6924-7

I Edizione ottobre 2020

Anno 2020-2021-2022 - Edizione 1 2 3 4 5 6 7 8 9 10

A te, papy,
che mi hai insegnato
a essere coraggiosa
e a credere in me stessa.
Mi manchi ogni giorno.

A voi, Sofia e Mattia,
che amo immensamente
e che siete la mia forza,
la mia gioia e la mia voglia
di vivere.

«Tutti ti valutano per quello che appari.
Pochi comprendono quel che tu sei.»

Niccolò Machiavelli

Un giorno ho deciso che ero stanca di essere
come gli altri volevano che fossi e ho iniziato ad ascoltarmi.
Cosa volevo veramente? Chi ero io davvero?
Ho smesso di assecondarli e ho smesso di compiacere.
È stato in quel preciso istante che ho accettato il cambiamento.
È stato in quel preciso istante che ho iniziato a essere felice.

Federica

IN

DICE

1

Non scendere mai a compromessi con te stessa.

«LO SAI CHE HAI UN PROBLEMA, VERO?»

—p. 1

2

Non metterti mai in secondo piano. Tranne che per loro.

MAMMA!

—p. 13

3

Ama te stessa: è il primo passo per essere felice.

IO FACCIO COSÌ

—p. 21

4

Accogli il cambiamento.

IL PIANO INCLINATO

—p. 37

5

Metti in atto tutte le strategie per raggiungere il tuo obiettivo.

IL POTERE DEI SOGNI

—p. 49

6

Non rincorrere il tempo, non si fermerà. Sei tu che devi fermarti.

TEMPO

—p. 69

7

L'unica responsabile delle tue scelte sei tu.

CAPELLI

—p. 77

8

Fatti trovare pronta per affrontare le cose, comprese quelle inattese.

HEAVY LUGGAGE

—p. 99

9

Riconosci le tue piccole manie e impara a conviverci.

RICORDATI DI…

—p. 129

10

Circondati di ciò che ami.

NATALE

—p. 139

11

Nelle difficoltà, tira fuori il meglio di te.

MAI PIÙ COME PRIMA

—p. 153

12

Quando ne hai bisogno, trova rifugio nei tuoi momenti più belli.

MOMENTI DI NON TRASCURABILE FELICITÀ

—p. 161

DICONO DI LEI…

—p. 179

1

Non scendere
mai a compromessi
con te stessa.

«LO SAI CHE HAI UN PROBLEMA, VERO?»

«Di quante preoccupazioni ci si libera quando si decide non di essere qualcosa, bensì qualcuno!»
— Coco Chanel

Da bambina sono sempre stata longilinea, filiforme, con delle gambe molto magre, anzi: magrissime. Oggi, rivedendo alcune foto, mi chiedo come riuscissi a stare in piedi con delle gambe così sottili, mentre allora, come tutte le bambine, non ci facevo caso più di tanto. Certo, crescendo iniziai a guardarmi intorno e a rendermi conto che in effetti le mie amiche non avevano le gambe come le mie, e quindi a chiedermi anche come mai io fossi diversa. Vedevo che le altre ragazze portavano dei pantaloni che a loro stavano belli aderenti, invece i miei erano sempre un po' larghi, sembrava che dentro ci fossero due manici di scopa. Non riuscivo mai a trovare dei pantaloni che mi stessero bene, perché ero alta e quindi se li prendevo di una taglia più piccola, in modo che aderissero, erano troppo corti; ma se li sceglievo della giusta lunghezza, erano necessariamente più larghi della mia misura e ci ballavo dentro. Quando andavo al mare guardavo le mie coetanee e mi dicevo: Ma perché non posso avere anch'io le gambe come le altre? Perché le mie devono essere così magre? Eppure facevo anche danza classica, che è una disciplina dura, mi allenavo tantissimo e quindi la mia muscolatura era forte, ma era la mia corporatura che era fatta così...

A dieci anni ho persino sostenuto l'esame per essere ammessa alla scuola di danza del Teatro alla Scala di Milano, ma non l'ho superato; nella lettera che è arrivata a casa c'era scritto che avevo la corporatura troppo esile: ecco! Ancora una volta, avevo le gambe troppo magre.

Da ragazzina dovevo stare molto attenta anche alla scelta delle scarpe, perché con alcuni modelli sembravo Olivia di Braccio di Ferro a causa delle mie gambette così sottili e di un trentanove di piede: quando non hai ancora capito bene come valorizzarti e quali sono i tuoi punti di forza, è chiaro che rischi di enfatizzare tutto quello che non dovresti... I miei amici mi prendevano in giro dicendo: «Se arriva una folata di vento non cadi», alludendo ovviamente a quei piedi che sembravano smisurati anche se poi in fin dei conti non lo erano, erano normalissimi, ma su una gamba tanto magra sembravano enormi.

Crescendo ho accantonato un po' questa mia particolarità, che però restava in qualche modo un tarlo nella testa, perché, anche se nessuno mi paragonava più a Olivia, io sentivo di avere qualcosa di diverso. Quando sei giovane però non vuoi essere in alcun modo diversa dagli altri: vuoi essere uguale, vuoi omologarti, vuoi avere tutto quello che hanno loro; vederti diversa ti fa sentire esclusa e problematica, ti fa sentire improvvisamente fuori dal gruppo.

Poi ho iniziato a fare questo lavoro e ogni giorno dovevo inventarmi degli stratagemmi perché non volevo assolutamente mostrare le gambe, ma a volte era proprio necessario che io indossassi delle gonne. Allora cercavo degli escamotage, mi mettevo due o tre paia di collant uno sopra l'altro, perché speravo che questo potesse ingrossare un po' la circonferenza dei polpacci, oppure cercavo delle gonne lunghe fino ai piedi, stile Laura Ingalls nel telefilm *La casa nella prateria*, e dentro di me speravo che quella moda tornasse con prepotenza, perché avrebbe risolto tutti i miei problemi.

Indossare gonne corte mi faceva soffrire tantissimo, le mettevo ma non mi piacevo, perché pensavo che tutti guardassero le mie gambe e le giudicassero. Finché un giorno (lavoravo già da un po', ma non in televisione) partecipai all'inaugurazione di un negozio a Milano, e mi ricordo che mi ero proprio impegnata per scegliere cosa indossare: era estate, avevo messo una gonnellina a fiori molto carina, un po' larga, leggera e impalpabile, sopra la sua camicina coordinata, con un bel sandalo legato alla caviglia. Dopo l'inaugurazione, andai nell'ufficio di una delle persone con cui lavoravo in quel periodo, lui mi fece sedere alla scrivania e mi disse, con un'aria molto seria e professionale: «Accomodati, ti devo parlare».

Io mi sedetti tutta contenta, pensando che magari ci fosse in ballo qualche nuova proposta per un progetto, ma lui serafico mi guardò e, senza alcun preambolo, sparò: «Allora, Federica, cosa vogliamo fare con le tue gambe? Lo sai che hai un problema, vero? Come lo risolviamo? Fidati di me, lascia perdere: fossi in te, eviterei di mettermi la gonna».

In quel momento mi sentii come se mi avessero pugnalata o mi avessero dato un cazzotto in faccia, perché dentro di me lo sapevo che le mie gambe erano molto magre, ma nessuno me l'aveva mai detto così apertamente e soprattutto non mi era mai stato posto come un vero problema.

Avrei voluto avere il coraggio di rispondergli a tono con qualcosa di altrettanto scioccante, giusto per fargli capire che si era permesso di parlarmi del mio corpo in un modo inaccettabile, ma ero talmente sbigottita che farfugliai soltanto qualcosa che non ricordo e uscii da quell'ufficio come un pugile suonato, pensando che non avrei mai più potuto mettere una gonna nella mia vita. Di fatto fu così per molto tempo: o portavo i pantaloni o le gonne lunghe. Bentornata, Laura Ingalls.

La prima volta che indossai di nuovo una minigonna dopo quel pomeriggio, facendomi violenza, fu sul palco del *Festivalbar*, a diversi anni di distanza. All'epoca non lo conducevo – come ho fatto poi in seguito –, ma lavoravo per *Festivalbar - Zona verde*, un programma legato al *Festivalbar* che andava in onda il pomeriggio su Italia 1, raccontando il dietro le quinte.

Una sera mi invitarono sul palco per essere presentata da Gerry Scotti, e fu quella la mia prima uscita con un miniabito. Uscii, presi il mio applauso, parlai, feci la mia parte, tornai dietro le quinte e con stupore pensai che nessuno mi aveva rimproverata per essere andata in onda con quell'abitino corto che mostrava le gambe. Rimasi molto colpita, perché mi aspettavo che qualcuno sarebbe venuto a dirmi: «Guarda che una cosa del genere sarebbe meglio non ripeterla, ti conviene coprirle, quelle gambe».

Ci sono voluti almeno una decina d'anni per realizzare che avrei potuto trasformare quello che da qualcuno era considerato un difetto, o comunque una diversità, in un valore. Piano piano cominciai a notare che parecchie modelle avevano le gambe molto magre, anche più magre delle mie, e le mostravano. Anzi, erano il loro punto di forza! Indossavano tacchi altissimi, pantaloncini corti, gonne inguinali. Le facevano proprio vedere come un motivo di vanto e un segno di distinzione e di bellezza, e anch'io cominciai a concentrarmi su questo. Iniziai a pensare che la gamba così snella e la caviglia molto sottile potessero essere un segno distintivo, un pregio e non un problema. Cominciai a rendermi conto che se, al contrario, avessi avuto delle gambe diverse forse non avrei potuto indossare alcuni capi. In quel periodo, invece, ho capito che potevo mettere tutto ciò che volevo, tutto ciò che mi piaceva di più. Sì, è vero, avevo le gambe magre, ma notavo che tante altre le avevano, come se improvvisamente riuscissi a vedere cose che prima erano invisibili.

Da allora, anziché nasconderle con vergogna, ho iniziato a mostrarle, a esporle come motivo di vanto. E a quel punto ho notato una cosa incredibile: che più le esaltavo (mettendo un tacco alto, importante, una bella calza, o magari evidenziando la gamba abbronzata con una crema che rendeva la pelle più lucida, oppure indossando una minigonna), più mi sentivo a mio agio, più ero raggiante e più mi vedevo bella. Per me è stato un cambiamento graduale, ma anche una rivelazione incredibile. Ho cominciato a sfruttare come punto di forza quello che pensavo fosse il mio più grande difetto, e nel momento stesso in cui l'ho fatto, gli altri se ne sono accorti e anche loro hanno iniziato ad apprezzare le mie gambe magre.

Ricordo come uno spartiacque importante la prima volta che mi hanno detto: «Che gambe lunghe hai, quanto sono magre», e lo dicevano non per denigrarle ma per farmi un complimento. Mi ha donato una dose enorme di autostima, di forza, è stato un cambiamento radicale grazie al quale non mi sono più fermata. Essendo io un personaggio noto, il pubblico ha colto questo cambiamento e ha colto anche il mio nuovo modo di vestire, questa mia fisicità che avevo sempre tenuto nascosta.

Quindi ci sono state una fase scura e una fase chiara, una in ombra e una in luce; una fase in cui ero convinta che avessi un difetto da nascondere e mi presentavo ai casting coperta da gonnelloni fino ai piedi; e poi la mia seconda vita, in cui invece ho cominciato ad amare il mio corpo. Ho iniziato a capire che ho delle caratteristiche fisiche sulle quali non posso lavorare, e invece di arrendermi e considerarle debolezze le devo sfruttare, esaltare, devo renderle la mia forza; e così è stato.

Per me è stata una grande lezione di vita, che credo possa valere davvero per tutti: non bisogna mai accettare che qualcuno possa dirti che in te c'è qualcosa di sbagliato, perché non esistono lo sbagliato, il giusto, il corretto, esiste quello che tu vuoi che esista e il tuo modo di essere più autentico.

Nella vita ho incontrato anche alcune persone che sostenevano che avrei dovuto assolutamente rifarmi il seno, altrimenti non avrei mai fatto televisione ad alti livelli, perché agli italiani – dicevano – piace il seno grande. Hanno continuato a ripetermelo per anni. Effettivamente ho davvero un seno minuscolo, quindi a un certo punto pensavo non solo di avere il problema delle gambe troppo magre, ma anche quello del seno troppo piccolo.

Nella mia vita, però, c'è stata sempre una costante, fin da quando da bambina sognavo di fare la conduttrice: volevo riuscire per i meriti sul campo, per ciò che sapevo fare, che avevo imparato e che avrei imparato in futuro.

A me non interessava mostrare il seno, io volevo diventare brava, e all'inizio ho accettato di fare qualsiasi tipo di lavoro, anche quelli apparentemente meno utili per la mia carriera televisiva: ho cercato sempre di imparare qualcosa, per farmi trovare pronta qualora fosse giunta la grande occasione. Poi quell'occasione è arrivata, dall'azienda per la quale lavoro ancora oggi. E io ero lì, con il mio seno piccolo e le mie gambette magre, ma con una parlantina che faceva la differenza; e da allora non me ne sono più andata. Quell'azienda che mi ha accettata così com'ero, senza volermi cambiare, è diventata la mia seconda casa e il lavoro in tv la realizzazione del mio sogno. Ricordo ancora le parole di mio padre: «Lavora sempre con impegno e impara a fare questo mestiere, vedrai che prima o poi qualcuno si accorgerà di te».

Oggi, trentatré anni dopo, guardo quella ragazza allo specchio e vedo una mamma e una donna che si piace, consapevole dei propri pregi e difetti, innamorata della vita.

Non metterti mai
in secondo piano.
Tranne che per loro.

MAMMA!

«Tieni un capo del filo, con l'altro
capo in mano io correrò
nel mondo. E se dovessi perdermi, tu,
mammina mia, tira.»
— Margaret Mazzantini

Sto riordinando, cerco di preparare la valigia perché domani devo partire, spunto le liste che ho stilato da giorni perché non voglio dimenticare niente quando dalla cameretta sento la voce di Mattia: «Mammaaaaaa!» e so che devo andare.

«Dimmi amore, che c'è?»

«Mamma, mi aiuti con i compiti di grammatica?»

«Certo che ti aiuto!»

Allora mi metto lì un quarto d'ora e finalmente tutto diventa più chiaro, quindi posso tornare in camera a fare la valigia.

Ma dopo dieci minuti risento: «Maaaaammaaaaa!»

C'è un verbo che non è così facile.

Torno di là, mi risiedo e sistemiamo anche quel verbo che non andava bene.

Ho in mano una scarpa, ho appoggiato sulla sua scrivania il maglione da piegare e mettere in valigia, ma nel frattempo sta suonando il telefono e quando lo prendo vedo che sono arrivate anche due e-mail e cinque notifiche da WhatsApp, perché c'è il programma da preparare.

Comunque non faccio in tempo a rispondere perché già dall'altra parte si sente: «Mammaaaaaa!»

«Dimmi, Sofia!»

«Stasera cosa si mangia per cena?»

Mentre farfuglio qualcosa a caso, guardo l'orologio e vedo che sono le quattro del pomeriggio.

Sono sveglia dalle 5.40 e se fosse per me potrei andare tranquillamente a dormire anche adesso, ma ora bisogna pensare alla cena e, tra l'altro, mi rendo conto solo adesso che ho dimenticato di comprare il latte, perché è sempre così, è un grande classico.

Poi arriva finalmente un quarto d'ora tutto per me.

Chiudo la porta del bagno per fare una doccia, ma

forse la chiusura della porta funziona come una specie di richiamo, perché subito sento correre dei piedi nudi.

Toc toc. «Mammaaaaa?»

«Sì???»

«Posso entrare?»

«Certo amore, vieni, dimmi.»

«Cosa mi metto domani?»

«Sofi, ci pensiamo dopo, okay? Adesso vai di là che la mamma si fa la doccia.»

«Va bene, ciao mamma», e chiude. Però riapre un secondo dopo: solo una fessura.

«Mamma…»

«Sì?» Avevo appena iniziato a togliermi il maglione.

«Ma domenica cosa facciamo?»

Mentre apro il getto d'acqua penso che in fondo è stata proprio carina a bussare e chiedere se poteva entrare; ma appena termino il pensiero la porta si apre di botto ed entra Mattia: «Mamma, ti ricordi dove ho messo l'album delle figurine che avevo due anni fa?»

«No, non mi ricordo…» rispondo sgomenta.

«Mamma! Ma come non ti ricordi! Lo dobbiamo trovare.»

Quindi mollo la doccia e vado in camera con mio figlio a cercare quell'album di figurine che due anni prima avevamo preso con i punti del supermercato.

Non ho idea di dove possa essere finito, mi sembra di averlo lasciato alla casa al mare, ma sto lì con lui e lo cerco comunque, perché... è più forte di me!

Ormai è ora di cena, andrò a tavola senza aver fatto la doccia.

Penso che poco importa, la farò più tardi, ho dedicato tempo a loro ed è giusto così, però poi mi dico che, come al solito, andrò a letto troppo tardi e dormirò troppo poco, perché non ho mai tempo per fare tutto quello che vorrei.

E intanto sto recuperando il maglione dalla sua scrivania, perché prima di tutto devo chiudere la valigia.

«Mamma... ma domani cosa mangiamo?»

A volte comunicano tra loro in codice scambiandosi solo occhiate, senza dire una parola. Io da lontano li vedo e capisco: so che stanno per correre da me, e ormai sono talmente forti che gli bastano pochi secondi per acchiapparmi e trascinarmi sul lettone.

La nostra guerra con i cuscini è diventata cruenta, ora che mio figlio pesa quasi sessanta chili ed è più forte di me.

Il letto è sfatto, i cuscini sono finiti in ogni angolo della stanza e io sono totalmente distrutta, spettinata, con il fiatone ma felice.

Era quello che facevo ogni sera quando il mio babbo tornava dal lavoro, è un ricordo pieno di amore che porto con me.

È un ricordo pieno di amore che porteranno con loro.

La giornata finisce così, e io sono pronta a ripartire.

3

Ama te stessa:
è il primo passo
per essere felice.

IO FACCIO COSÌ

«Il segreto per vivere a lungo è: mangiare la metà, camminare il doppio, ridere il triplo e amare senza misura.»
— Proverbio cinese

1. Ricorda che siamo ciò che mangiamo

Da undici anni a questa parte la mia giornata inizia all'alba, alle 5.40, quando suona la sveglia. Anzi, la prima di almeno tre sveglie, perché la seconda sarà alle 5.45 e la terza alle 5.50. Quando mi sento abbastanza riposata riesco ad alzarmi anche alla prima, ma se sono devastata dalla stanchezza le lascio suonare a ripetizione per poi alzarmi dal letto solo per non sentirle più! A quel punto mi trascino in cucina e dedico moltissimo tempo alla colazione, che occupa più o meno tre quarti della mia *morning routine*.

La prima cosa che faccio è bere un bicchiere d'acqua a temperatura ambiente, dentro spremo un limone e aggiungo un multivitaminico. Prendo a parte almeno tre cucchiaini di miele e della pappa reale; poi inizio la colazione vera e propria preparandomi un caffè doppio con un po' di latte tiepido, tre arance spremute, bevo un kefir o mangio uno yogurt, tre biscotti integrali e concludo anche con un frutto, che sia un kiwi, una mela, un po' d'uva... quello che ho in casa, prima di passare agli integratori a cui dedico sempre molto tempo, perché seguo tutto l'anno una dieta antinfiammatoria a cui aggiungo ogni giorno sostanze naturali che abbiano a loro volta un alto potere antinfiammatorio e antiossidante.

Quando i miei figli si sveglieranno io sarò già uscita, perciò mi piace lasciare tutto pronto per la loro colazione, magari aggiungendo anche un bigliettino con un cuore e un Buongiorno.

In quei quarantacinque minuti la casa è buia e silenziosa (per almeno sei mesi, quando mi alzo è ancora buio!), e posso concedermi il piccolo lusso di dedicarmi soltanto a me, alla lettura dei quotidiani e al piacere della colazione, che per me è imprescindibile.

Una colazione così ricca mi dà la spinta necessaria per iniziare al meglio la giornata, ma ovviamente a metà mattina mangerei anche le gambe del tavolo. A quel punto opto per un frutto, per esempio una banana, che contiene potassio, oppure sei o sette mandorle, quattro o cinque noci o un paio di quadretti di cioccolato fondente.

Durante la giornata bevo moltissimo, almeno due litri di acqua naturale, bibite gassate quasi mai.
Poi arriva il momento del pranzo.

La mia dieta è costituita quasi interamente da:

- Riso
- Pasta integrale (sono ghiotta di quella di farro)
- Carne bianca
- Pesce (meglio se crudo)
- Frutta
- Verdura cruda e cotta
- Semi oleosi
- Cereali
- Legumi

Ma non escludo tutto il resto, e se ne ho voglia lo mangio. Un pranzo sostanzioso mi aiuta ad arrivare bene fino a sera, visto che ho davanti tutto il pomeriggio in cui devo occuparmi dei ragazzi, lo sport, la scuola, il lavoro e altre mille cose. A metà pomeriggio, se ne sento il bisogno, spezzo la fame con un centrifugato di frutta o una spremuta d'arancia o due biscotti e un tè… Per me è sempre meglio fare un piccolo spuntino rispetto ad arrivare a cena super affamata, perché in teoria la sera sarebbe meglio evitare l'abbuffata, per questioni sia di linea sia di digestione.

A volte mi capita di non avere fame all'ora di cena, perché dopo il pranzo e lo spuntino pomeridiano sono ancora sazia; in questi casi magari mangio soltanto un frutto. Ho notato che questo mi fa stare bene, favorisce il sonno, mi aiuta a riposare e la mattina mi sveglio serena, senza mal di testa o altro. Da tempo ho realizzato che un po' di digiuno, fatto ovviamente con intelligenza e senza esagerare, in alcuni momenti è proprio quello che il mio corpo desidera. Quindi, in generale, tendo a non sforzarmi mai né in un senso né nell'altro e cerco soprattutto di ascoltare me stessa. In ogni caso, per la sera quello che di solito consiglio alle mie amiche è di mangiare presto e molto leggero, in modo da aver concluso la digestione prima di andare a dormire, per non affaticare eccessivamente l'organismo.

Mi piace mangiare di tutto, quando ne sento la necessità, perché anche gratificarsi è importante, e credo che la cosa fondamentale sia riuscire a trovare un equilibrio.

Per chi vuole rimettersi in forma e perdere qualche chilo (oltre a tutti i consigli che ognuno può seguire in base anche ai suoi gusti o al suo stile di vita), secondo me la cosa che può fare davvero la differenza è concentrare la mente su un modello ispirazionale e lavorarci su.

Quando vedi un bel vestito e pensi che ti piacerebbe indossarlo ma lo scarti immediatamente perché credi che non sia adatto alla tua costituzione, prova invece a immaginare di indossarlo: prova a visualizzarti e a chiederti quali emozioni proveresti con quel vestito addosso. È su quel desiderio che devi lavorare per arrivare all'obiettivo che ti sei prefissata, trovando una profonda motivazione in te stessa. Nel momento stesso in cui ti immagini con quel vestito, in quella circostanza e con quella fisicità, hai già vinto, perché quella sarà la forza di cui hai bisogno per rinunciare al bis di tagliatelle.

Spesso incontro persone che mi dicono che vorrebbero dimagrire, ma proprio non riescono a mangiare un po' di meno; io credo che ciò che manca loro sia proprio una motivazione sufficientemente forte.

Ma nella vita ci sono anche momenti in cui esistono ben altre priorità: tra tutti, il più importante è il periodo della gravidanza, in cui la cosa da tenere a mente in assoluto è stare bene.

Quando ero incinta di mia figlia Sofia sono stata talmente bene che ho preso ventitré chili! Per fortuna partivo magra, perché ventitré chili sono veramente tanti, da qualsiasi aspetto si guardino. L'ultimo mese sono stata al mare e solo in quelle quattro settimane sono ingrassata di cinque chili, perché sapevo che da lì a poco avrei partorito e mi sono detta: Sai che c'è? Io mollo gli ormeggi. E così ho mangiato tutto ciò che volevo.

Con quei ventitré chili in più addosso sentivo dolore alle giunture, alle caviglie… mi faceva male tutto. Quando poi Sofia è nata, dentro di me ho pensato che sarei uscita dalla clinica con minimo quindici chili in meno: neanche per sogno. Sono tornata a casa con forse quattro chili in meno e tutto il resto ancora addosso. Ma non mi importava.

Mi ricordo che quando mia figlia aveva più o meno un paio di mesi sono andata a comprare il pane e la panettiera mi ha detto: «Oh, che bello, quanto manca alla nascita?» peccato che io avessi già partorito da due mesi… Ma in quel momento la mia unica priorità era mia figlia. Con calma, dopo qualche tempo, sono tornata a fare un po' più di attenzione, e alla fine sono riuscita a tornare al mio peso iniziale.

Quando sono rimasta incinta di Mattia, memore dei ventitré chili con Sofia, ho cercato di controllarmi di più e ne ho presi «solo» diciotto! Ma anche quella volta, con il passare del tempo e grazie a un po' di buona volontà, sono riuscita a tornare al mio peso di partenza.

Dopo quella prima fase in cui sei un tutt'uno con tuo figlio e non t'importa di nient'altro, a un certo punto per me è anche giusto e sano che, una volta che il bambino è un po' cresciuto, tu torni a dedicarti anche a te stessa. In più, per chi fa il mio mestiere è necessario, per cui, oltre al piacere di rivedermi com'ero prima della gravidanza, avevo uno stimolo dato dal fatto che avrei dovuto riprendere il lavoro in televisione.

Un altro momento di relax assoluto sono le vacanze. Se in inverno mantenere il peso è tutto un gioco di equilibri, una volta che sei riuscita a raggiungere il tuo peso forma l'estate è fatta per rilassarsi. Io mangio e bevo con molta più serenità, mi concedo i miei aperitivi con gli amici, faccio quello che mi va di fare, sostanzialmente. Tuttavia, so che quando si avvicinerà il momento di tornare al lavoro ci terrò ad avere un fisico un po' più asciutto per indossare bene gli abiti, quindi seguo un regime alimentare un po' più controllato.

2. Trova il tempo per fare sport

Associare a un'alimentazione corretta anche un po' di attività fisica è un toccasana sia per la linea sia per la salute: questo non significa necessariamente andare in palestra e magari sentirsi in imbarazzo in mezzo a gente che, al contrario tuo, sembra non fare altro nella vita.

Tutto ciò che serve è un piccolo spazio della casa e del nostro tempo da dedicare alla cura del corpo, impegnandoci in alcuni esercizi semplici che si possono fare su un tappetino qualsiasi con due pesi leggeri. Una routine di una decina di esercizi fatta con costanza due o tre volte alla settimana per una ventina di minuti può dare risultati ottimi nella tonificazione del corpo, e si può fare anche mentre si guarda un film alla tv o si ascolta la musica.

Solitamente io ascolto delle canzoni che mi danno la giusta motivazione e mi alleno per una mezz'oretta, il tempo necessario a scaricarmi e a liberare la testa. Si parte da busto e braccia, un po' di addominali, un po' di gambe e un po' di glutei; facendolo regolarmente tutto l'anno e abbinandolo a un'alimentazione più sana, i risultati arriveranno. Potete anche cercare delle app sul cellulare per le routine quotidiane, ce ne sono moltissime.

Un'altra cosa molto utile che ho sperimentato per qualche tempo è stato mettere un contapassi al polso e cercare di raggiungere l'obiettivo di farne almeno diecimila al giorno. Io ne ho preso uno semplicissimo e arrivo spesso al risultato, che equivale più o meno a sette chilometri: per una giornata direi che è più che sufficiente! Ma in effetti a volte basta andare a lavorare, correre a prendere i bambini, fare la spesa, sbrigare due commissioni qua e là, muoversi per casa e alla fine, senza neanche accorgertene, arrivi al traguardo prefissato.

Quando usavo il contapassi, però, mi sembrava di partecipare a un gioco in cui ero più incentivata a camminare per raggiungere l'obiettivo, e magari capiterà anche a voi: anziché aspettare l'autobus, farete due fermate a piedi, una decisione che tra l'altro vi permetterà anche, nel corso del tragitto, di guardare due vetrine e prendere un po' d'aria.

È ovvio che fare movimento non è così facile, perché c'è sempre il problema del tempo che non è mai abbastanza per tutto, ma ritagliarsi quindici o venti minuti durante la giornata è un bel regalo da fare a noi stesse. Se non hai la sveglia alle 5.40 del mattino come me, puoi sempre scegliere di metterla mezz'oretta prima e iniziare la giornata con degli esercizi, così da trovare un momento per te prima di entrare nel vortice di impegni quotidiani e di dedicarti alle persone che ami.

Dal lunedì al venerdì, dall'alba a un orario imprecisato della sera (che di solito tende a essere posticipato di almeno un paio d'ore rispetto a quello ottimale) cerco di essere il più possibile costante e disciplinata. Ma non nel weekend.

Spesso venerdì dopo il lavoro mi chiudo in casa, butto via le chiavi e rimetto il naso fuori il lunedì mattina. Per due giorni e mezzo me ne sto con le ciabattone o le calze antiscivolo e la tuta, struccata e spettinata, circondata solo dai miei affetti e mi piace un sacco.

3. Guardati allo specchio

Fare amicizia con lo specchio a mio parere è fondamentale per vivere bene. Ognuna di noi ha delle imperfezioni, piccole o grandi che siano, ed è normale che con l'età diventino ancora più evidenti, ma chi se ne importa!

È stupendo, nel momento in cui ci si sente belle, guardarsi allo specchio e ritrovarsi, gioire della propria immagine e lasciare che gli altri ci dicano: «Come stai bene», «Come sei bella». Truccarsi, scegliere un rossetto un po' più appariscente e curare il nostro aspetto solo perché ne abbiamo voglia aiuta molto e dà una grande sicurezza.

Per sentirci ancora più belle possiamo anche prendere ispirazione da ciò che ci circonda, che non significa assolutamente snaturarsi ma giocare, essere curiose e sperimentare.

Come ti piacerebbe essere? Come ti immagini? Se vedi una modella o un taglio di capelli che ti piace, perché non provi a chiederti cosa, di quello stile, potresti fare tuo? Bene, ora hai un obiettivo su cui lavorare o uno spunto per un piccolo cambiamento. Non tutte possiamo essere la Claudia Schiffer degli anni Novanta o la Bella Hadid di oggi, ma ognuna deve vedersi bella in un modo diverso, unico, piacersi e trovare sicurezza anche attraverso lo scambio di opinioni con altre donne.

Ti piace quel taglio di capelli? Perché non provi a farli in quel modo anche tu? Ti piacerebbe indossare quei vestiti? Perché non provarli? Questo non vuol dire imitare gli altri, ma catturare uno stimolo positivo per cercare di sentirsi meglio con se stesse.

Chi si sente bella è bella, lo trasmette anche al mondo. Chi si sente bella ha personalità e chi ha personalità è ancora più bella. È un insieme di cose, è un altro modo di portare la gioia di vivere in quello che gli altri vedranno di noi.

Il nostro corpo è un patrimonio per la vita da mantenere con la massima cura, quindi bisogna amarlo e rispettarlo, se vogliamo che ci accompagni il più a lungo possibile nel migliore dei modi. È necessario volergli bene, e dovremmo tenere a mente quest'idea quando mangiamo, quando camminiamo, quando dormiamo, quando beviamo o quando facciamo qualsiasi scelta della nostra vita.

Ai miei figli dico sempre: «Ragazzi, dovete lavarvi i denti, ma non perché la mamma vi obbliga o perché sia un dovere. I vostri denti vi accompagneranno per tutta la vita, fino all'ultimo giorno, quando avrete cent'anni. Sono il vostro patrimonio, e più li curate, più li pulite, più li spazzolate, più li tenete in ordine e più saranno belli e faranno bene il loro lavoro». Come per i denti, questo vale per tutto il resto. Vuol dire che ogni volta che mangiamo qualcosa dovremmo pensare all'effetto che avrà sul nostro corpo: la trasgressione fa parte della vita, e meno male, però nella quotidianità, al di là dell'aspetto fisico, è importante anche occuparci del nostro benessere e prenderci cura di questo patrimonio inestimabile.

Infine, dopo aver fatto tutto quello che possiamo per diventare ogni giorno la versione migliore di noi stesse, ogni tanto è bello essere un po' più indulgenti, esaltare i punti di forza mascherando i punti deboli e dimenticandocene per due minuti; se abbiamo quel difetto fisico non è che continuando a pensarci sparirà… e allora tanto vale guardarlo un po' meno.

Anche per questo è importante farti dire che sei bella, sempre. Fattelo dire! Prenditi tutti i complimenti che puoi. Cercati un uomo o una donna che ti dicano ogni giorno quanto sei bella e questo ti renderà meravigliosa. Trova qualcuno che ti dica che sei splendida quando ti svegli la mattina o quando ti senti sfatta e inguardabile, che ti ami ancora di più quando ti vedi brutta, quando pensi di essere nel tuo momento peggiore. Cerca qualcuno che ti tratti così, che ti dica che sei ancora più bella quando non fai niente per esserlo, qualcuno che ti ami anche e soprattutto quando ne hai bisogno. In fondo, questo è ciò che ci meritiamo.

4

Accogli il cambiamento.

IL PIANO INCLINATO

«Più tardi sarà troppo tardi.
La nostra vita è adesso.
Baciami!»
— Jacques Prévert

Non c'è via di scampo: se devi arrivare in un determinato luogo, ci arriverai. Puoi anche tentare di cambiare strada, ma non c'è niente da fare, se quello è il tuo destino. Esistono un prima e un dopo, perché il piano inclinato non si rimetterà in pari mai più. Spesso si prova a fermarlo, a ignorarlo, ad annullarlo, ma è impossibile, perché da quel momento in poi sei tu a essere diversa: prima di tutto il resto, quello che è successo ha cambiato te.

Non è una cosa che accade spesso; personalmente, le rarissime volte in cui mi è capitato ho avuto la chiara sensazione di vivere un momento di non ritorno.

Come quando con Marco ho avuto la percezione che avremmo vissuto qualcosa di importante, di meraviglioso e unico. È come se ci fossimo incontrati per volere del destino, perché per anni ci siamo incrociati, persi, di nuovo incrociati e di nuovo ripersi.

1. Tre anni e otto mesi prima di quel momento

Melissa Satta aveva pubblicato su Twitter delle foto in cui indossava delle magliette che mi piacevano molto, così le ho scritto: «Che belle!» e lei mi ha risposto: «Se vuoi posso chiederle anche per te, me le hanno appena regalate». Le ho lasciato il mio indirizzo e-mail e Marco, che era il proprietario del brand che produceva quelle magliette, mi ha scritto subito: «Se passi in showroom sarò felice di darti qualche capo in omaggio!»

Io però mi sono detta: Federica, controlla l'elenco di tutti gli appuntamenti di questa settimana prima di prendere un altro impegno! Quindi gli ho chiesto se poteva farmi la gentilezza di mandarmele in ufficio e così ha fatto; io gli ho scritto un'e-mail di cortesia per ringraziarlo, e ci siamo persi per la prima volta.

2. Due anni e sei mesi prima di quel momento

Ci siamo ritrovati perché, visto che aveva il mio indirizzo e-mail, mi ha scritto proponendo per il mio programma alcuni opinionisti; mi piacevano e così li ho fatti chiamare e, insieme a loro, si è presentato anche lui. Ho notato subito che dietro le quinte c'era un uomo che non avevo mai visto, perché il programma è in diretta e l'accesso allo studio è severamente limitato; ho chiesto informazioni al mio assistente di studio, che però non sapeva chi fosse: «È venuto con gli ospiti», mi ha risposto.

È stato lui stesso a gridare, da lontano: «Sono Marco Bacini!» così sono andata a presentarmi e per un po' di giorni ci siamo visti spesso, perché veniva insieme agli ospiti.

3. Due anni e cinque mesi prima di quel momento

Stavo lanciando un brand di accessori e lui si è proposto per darmi una mano, perché già si occupava di queste cose. Mi ha dato il suo numero raccomandandosi: «Chiamami se hai bisogno di qualche consiglio!» Io l'ho preso ma sapevo che non lo avrei chiamato, e così è stato. Ci siamo persi di nuovo.

4. Due anni, quattro mesi e una settimana prima di quel momento

C'è stato un frangente in cui per lavoro ho avuto davvero bisogno di chiedere consiglio a un esperto e mi è venuto in mente lui, così ho cercato il suo numero e l'ho chiamato.

Il telefono squillava come se fosse all'estero, infatti quando mi ha risposto me lo ha confermato: era ad Abu Dhabi.

Mi ha detto: «Scusa, ora non posso parlare, se vuoi ti chiamo appena torno in Italia».

Io ho riattaccato un po' stupita, chiedendomi come mai non potesse stare al telefono: sì, era ad Abu Dhabi, ma qual era la difficoltà? Ormai stavamo già parlando…

5. Due anni e quattro mesi prima di quel momento

Una volta tornato in Italia, mi ha richiamata.

Mi ricordo che stavo scaricando la spesa dal bagagliaio della macchina e ho sentito suonare il cellulare.

Ero davvero indaffarata e quando ho visto il suo nome sul display, ho pensato: Ma no, tanto non ho neanche più bisogno di chiederglielo, quel consiglio.

Avevo già risolto, quindi ho ignorato la chiamata, ho rimesso il telefono in borsa e ho finito di scaricare le mie buste. Ci siamo persi un'altra volta.

6. Due anni prima di quel momento

Marco è capitato di nuovo nella mia vita nel corso di un'altra situazione lavorativa.

In quell'occasione mi ha riproposto di darmi una mano sui brand di cui mi stavo occupando, ma non gli ho mai dato una risposta.

7. Un anno prima di quel momento

La vita ti porta cambiamenti di vario genere, percorsi diversi e anche dolorosi, decisioni a volte difficili, ma evidentemente c'è un momento per ogni cosa.

Quando Marco è tornato sul mio cammino ho trovato in lui una presenza molto discreta, mai invasiva, come se pur restando un passo indietro riuscisse a essere sempre presente.

Ho cominciato ad apprezzare la sua compagnia e lo scambio di idee che avevamo: mi dava suggerimenti interessanti, era una persona piacevole.

E da lì in poi abbiamo iniziato a incontrarci senza una regolarità vera e propria.

Ogni tanto capitava di vedersi.

A me piaceva parlare con lui, era una persona che mi stimolava moltissimo.

8. Cinque mesi prima di quel momento

Siamo usciti insieme. Io volevo parlargli di un progetto e lui mi ha invitato per una colazione in un ristorante molto affollato: quando siamo arrivati c'era gente che conoscevamo praticamente a tutti i tavoli.

Noi due non eravamo molto in confidenza, quindi ci siamo seduti, abbiamo mangiato e abbiamo parlato esclusivamente di lavoro. Io studiavo con attenzione i suoi movimenti e il suo modo di mangiare, perché è un aspetto che mi colpisce particolarmente. Alcuni dettagli che ho osservato quel giorno mi sono piaciuti molto, nonostante sia stata una colazione veloce. Rapidissimamente poi ci siamo salutati e ognuno è tornato alla propria vita.

9. Tre mesi prima di quel momento

Ci siamo visti al volo per parlare di un'idea lavorativa. Dopo mezz'ora lui aveva un altro appuntamento con un ragazzo, ma io non lo sapevo, vedevo soltanto che gli arrivavano dei messaggi e che ogni tanto armeggiava con il telefono. Il primo messaggio che gli ha scritto era: «Sono in macchina, sto arrivando». Il secondo: «Sono in ritardo di mezz'ora, ma arrivo». Dopodiché non ha più preso in mano il cellulare per rispondere e da quel giorno non si sono mai più sentiti.

Marco quel pomeriggio è rimasto con me per tre ore, e io ho dovuto far passare anni per conoscere la storia di quel povero ragazzo che lo sta ancora aspettando.

10. Il punto di non ritorno

C'è un momento esatto in cui il piano si inclina e la pallina inizia a scivolare inesorabilmente.

Per noi due è accaduto nello stesso istante. Eravamo in macchina, di ritorno da un viaggio di lavoro. A me piace chiacchierare, ascoltare, raccontare e farmi raccontare, difficilmente rimango in silenzio, e durante quel viaggio avevamo parlato moltissimo. Ormai eravamo rientrati in città, mi stava accompagnando a casa ed eravamo quasi arrivati quando a un certo punto, fermi a un semaforo, lui ha allungato la mano, ha preso la mia e l'ha stretta.

È stato in quel preciso istante che ho capito che non saremmo più tornati indietro.

Non è stato un bacio, non è stata una frase importante né uno sguardo significativo, ma quel gesto raro e semplicissimo, quel contatto allo stesso tempo totalmente inaspettato e totalmente naturale, inevitabile.

Poi il semaforo è diventato verde e lui ha continuato a guidare in silenzio tenendomi la mano, fino a quando siamo arrivati sotto il portone di casa mia e io sono scesa dalla macchina.

Niente sarebbe stato più come prima.

Ero già perdutamente innamorata di lui.

5

Metti in atto tutte le strategie per raggiungere il tuo obiettivo.

IL POTERE DEI SOGNI

«Se puoi sognarlo, puoi farlo.»
— Walt Disney

1. Sto facendo tutto quello che posso per raggiungere quello che voglio?

È l'alba.
Suona la sveglia.
La prima delle tre che inserisco per essere certa di svegliarmi.

Puntualmente è un trauma e ci metto un po' per realizzare di dovermi alzare, anche perché ogni mattina mi sembra di essere andata a letto da pochi minuti. Ma c'è una cosa che ormai faccio sempre e che mi aiuta a partire con il piede giusto: pensare al giorno che ho davanti, a cosa posso produrre nelle ore successive e a quante belle cose ho intenzione di fare. Trovo utilissimo focalizzare la mente su dei pensieri felici mentre sono sotto le coperte e la giornata deve ancora iniziare; e se non ho già in programma qualcosa di piacevole, spero e immagino che accadrà comunque.

È incredibile come imparare a focalizzarti sulla positività possa cambiarti la vita. Parti sempre dal pensiero che sei al mondo, sei sveglia e sei molto fortunata, perché ti stai alzando per andare incontro a una giornata che potrai riuscire a sfruttare appieno per realizzare qualcosa di piccolo o grande che nasce da un tuo desiderio.

Bisognerebbe iniziare la giornata così, sempre.

Quando arrivano le giornate no, invece, e hai la sensazione che niente vada per il verso giusto, magari ricevi una fattura da pagare che non era prevista, oppure sei stanca, arrivi tardi a un appuntamento e le cose si accumulano una dopo l'altra… be' il concatenarsi di una serie di eventi negativi normalmente ti induce a pensare: Questa è la mia giornata no, adesso chissà che altro mi riserva il destino… In realtà è proprio in questi momenti che puoi scegliere come affrontare la vita, perfino nelle piccole cose.

Anche se è successo qualche imprevisto che ha rovinato il tuo umore, è importante pensare che la giornata non è ancora finita, c'è sempre tempo per farla svoltare in meglio. In quel preciso momento puoi scegliere quali delle due *sliding doors* vuoi aprire: quella dell'autocommiserazione e dei pensieri deprimenti, o l'altra.

Per evitare di concentrarti sulle cose negative che ti sono capitate, puoi sempre mettere in pratica qualche espediente per dirottare l'attenzione su altro: metti la tua canzone preferita a tutto volume in macchina, lascia che la musica ti prenda, si impadronisca di te e ti porti una sensazione di gioia. Oppure concentrati su un evento che ti è accaduto in passato e ti ha fatto stare bene: una vacanza, una cena, una chiacchierata, un momento con un amico che hai ritrovato. Magari ti viene voglia di prendere il telefono e scorrere le fotografie e i video per rivivere quegli avvenimenti felici, per assaporare quei momenti e ritrovare una sensazione di benessere.

Queste sono tutte leve che si possono usare per cercare di cambiare intenzionalmente il corso della giornata, senza soffermarsi sugli aspetti negativi ma spostando l'attenzione sulle cose più belle. Tanto quelle negative sono già accadute, rappresentano il passato e non potrai cambiarle.

Quando inizi a gestire i tuoi pensieri e le tue emozioni vivrai un cambiamento incredibile, perché piano piano capirai che al di là delle cose che accadono e sulle quali non puoi intervenire, ci sono tutto lo spazio e il tempo in cui invece sei libera di scegliere come stare. Puoi scegliere di essere depressa, triste, incazzata, annoiata o di vivere la tua giornata con gioia perché sei fortunata, stai bene, hai un lavoro e per esempio hai dei figli in salute.

A seconda di come moduli il tuo pensiero la stessa giornata cambierà strada e impostazione e questo può fare una differenza fondamentale. Io cerco di praticare questo esercizio ogni giorno.

È chiaro che a volte ci sono anche dei momenti in cui invece non vuoi spostare l'attenzione, perché hai bisogno di restare lì e di concentrarti su ciò che ti è accaduto, e magari senti la necessità di elaborarlo. Allora è importante fermarsi e sforzarsi di capire che cos'è che ci fa stare male, focalizzarlo e cercare di risolverlo.

Se il problema non ha una soluzione si dovrebbe accantonare senza rimuginarci sopra; se invece esiste una soluzione, si può provare a metterla in atto un passetto per volta. Così in entrambi i casi si potrà andare avanti senza tralasciare un problema latente che potrebbe ferirci.

Con me ha sempre funzionato.

Quando hai un obiettivo devi focalizzarti solo su quello, senza distrazioni. Domandati che cosa puoi fare per conquistarlo e concentra le energie e gli sforzi. Chiediti spesso: sto facendo il massimo per raggiungere il mio obiettivo? Ho davvero tutti gli strumenti necessari per arrivarci? Sii severa con te stessa e agisci di conseguenza.

Nel momento in cui capisci che puoi farcela, allora non deve più esistere un piano B. Nella tua testa devi essere convinta di non avere altre possibilità, altrimenti non convoglierai mai tutte le energie in ciò che desideri e finirai per disperdere le forze.

Non sottovalutare nemmeno i segnali che ti arrivano: la tua strada potrebbe anche essere un'altra e magari non lo sai. L'importante è non avere paura di fallire e soprattutto non pensare mai di non essere in grado di raggiungere il traguardo.

Non smettere di avere «fame» e non accontentarti mai, raggiungi un obiettivo e trovane un altro, e poi un altro ancora. Oggi io sono grande, ho una bella carriera e faccio il lavoro che ho sempre sognato, eppure ho ancora quella fame che da sempre mi accompagna e che mi porta a cercare nuove sfide da poter vincere.

Lavora su di te, migliorati, studia, vivi, divora tutto quello che puoi, fallo tuo. Sii curiosa, consuma la giornata senza sprecarne nemmeno un minuto, non abbandonare quell'ambizione: sarà la tua spinta a migliorare sempre di più, a non fermarti.

Vivi e non lasciare indietro niente.

La mia vita è cambiata profondamente dal momento in cui ho iniziato a vivere ogni giorno come un immenso regalo e a darmi come obiettivo fondamentale riuscire a investire tutto ciò che per me è importante in questo giorno.

Sto imparando che è possibile mettere insieme tutti gli ingredienti necessari: la forza, la determinazione, il coraggio, l'energia ma soprattutto l'amore, tanto. Amore per tutti coloro a cui vuoi donarne.

Ogni minuto della giornata dev'essere pieno di questi ingredienti.

Ci sono tanti libri che ti insegnano a concentrare gli sforzi per raggiungere un obiettivo, e io ne ho letti alcuni. In alcuni casi, però, ci nasci.

Io volevo fare questo lavoro fin da quando ero piccola e non ho mai pensato che non sarei riuscita a farlo, sono sempre stata convinta che un giorno sarei arrivata a realizzare il mio sogno.

Quando ero una ragazzina ho iniziato a immaginarmi in televisione, ma non come ballerina o attrice; mi vedevo come una presentatrice, m'immaginavo già con un programma mio e fantasticavo anche sugli stati d'animo che avrei vissuto: «Che cosa proverei se arrivassi là e dovessi condurre il programma?» E, a ripensarci, già allora ero felice al pensiero di essere quella donna e di fare quel lavoro. Questa sicurezza mi ha dato una grande energia per continuare a crederci e per affrontare le difficoltà senza mai rifugiarmi nell'idea che, se non fossi riuscita a fare la presentatrice, sarei potuta diventare, che ne so, un'attrice, o una ballerina, o una cantante…

No. Il mio intento era uno solo, e questo mi ha dato la forza necessaria a superare ogni ostacolo e ogni piccolo incidente di percorso con la convinzione che, se fossi caduta, mi sarei rialzata più forte, avrei imparato dai miei errori e sarei andata avanti.

Ma mai ho pensato di non farcela, ci ho sempre creduto con forza.

A pensarci bene, è la stessa cosa che succede quando devi cercare parcheggio! Sembra assurdo ma è così.

La scelta di quale atteggiamento mentale adottare vale per tutto, perfino per quando devi decidere se prendere la macchina o no.

Tante volte le mie amiche mi dicono: «Dai, per andare in centro prendiamo la metropolitana, non troveremo mai parcheggio», ma per me è una follia, perché nella mia vita non ci sono ostacoli prefissati. Perché non dovrei trovare parcheggio? Chi l'ha detto? E in effetti, quando arrivo lì, io il parcheggio lo trovo sempre, il mio atteggiamento mentale è propositivo, è ottimista.

Quando si inizia a mettere in atto questo modo di pensare, che sia banalmente per il parcheggio o in qualsiasi altra situazione, si può essere certi che la vita migliorerà, perché anziché partire con un'aspettativa negativa («no, quella cosa non la faccio perché non mi riuscirà mai», «no, la macchina non la prendo perché poi non troverò parcheggio», «non vado a fare la spesa perché ci sarà troppa gente») si può fare esattamente l'opposto («sì, vado a fare la spesa perché sono sicura che anche se ci sarà gente farò veloce», «sì, prendo la macchina perché comunque se non trovo il parcheggio proprio lì, farò due passi a piedi» e soprattutto «sì, certo che realizzerò il mio sogno, perché farò tutto ciò che serve per renderlo realtà»).

È un atteggiamento che cambia in positivo ogni aspetto della vita. Anche quando segui una dieta è l'approccio a fare davvero la differenza: se ti visualizzi già magra, del peso che desideri, con quei vestiti che adori e non vedi l'ora di indossare, e se inizi a immaginare come ti sentiresti se potessi mettere quella minigonna... be', queste immagini ti daranno una forza incredibile nel perseguire un passetto per volta il tuo obiettivo, proprio perché adesso quell'obiettivo lo puoi vedere, è reale e ti appartiene, è tuo.

Può darsi che in questo momento ci sia qualche aspetto della tua vita che vorresti cambiare, ma se davanti a te l'obiettivo è chiaro allora sei già in viaggio verso la meta, e questo può rivelarsi una grande, favolosa *sliding door.*

Oggi per me è incredibile tornare indietro e ricordare i pomeriggi di quando avevo sette o otto anni e con mia sorella Michela giocavamo a «fare la televisione»; io prendevo sempre la nappina delle tende, che aveva una forma a campana ed era perfetta come microfono. Il mio ruolo era quello della presentatrice, imitavo Raffaella Carrà, mentre mia sorella faceva Loretta Goggi e cantava.

Io, invece, non ho mai cantato, non ho mai voluto fare la parte di Loretta Goggi: a me piaceva presentare mia sorella che cantava e da questa fotografia del tempo non mi sono più mossa.

Dicevo sempre: «Non mi interessa cantare, né ballare, né recitare: io voglio presentare, voglio fare solo questo. Non voglio disperdere le mie energie per andare a tentativi, a me non interessa tentare, io voglio riuscire. Voglio fare la presentatrice».

Tra l'altro, quando ero ragazzina avevo un appuntamento estivo fisso con mia sorella, ed era il *Festivalbar*: la sera, cascasse il mondo, se c'era il *Festivalbar* in tv noi mollavamo tutto, ci mettevamo lì e lo guardavamo dall'inizio alla fine. E un po' di anni dopo, su quel palco a condurlo c'ero proprio io.

2. Sto facendo quello che desidero?

L'essenziale è non fermarsi, non dimenticare qual è il tuo obiettivo e non diminuire l'impegno nel perseguirlo. Non devi arrestarti di una virgola, non devi mai dubitare, perché se vuoi davvero raggiungere un traguardo, se ci credi fermamente e con determinazione, allora ci arriverai, perché inconsciamente ti stai già avvicinando alla meta. Tra l'altro devi essere tu la prima a credere nelle tue possibilità: perché porti dei limiti? Perché non credere in te stessa? Hai una forza enorme e hai tutta la vita davanti per migliorarti; nel momento stesso in cui ti accontenti, sei finita.

Per me ha sempre un grande valore domandarsi che cosa si vuole e fermarsi un momento per chiedersi: Sto facendo quello che desidero?

Spesso, quando vado a letto mi chiedo: Oggi ho passato abbastanza tempo con i miei figli? E la risposta è: sì! Ho fatto quello che mi andava di fare, sono stata con loro, abbiamo giocato insieme, ho pensato anche a me stessa e ho vissuto. Domandati, quando si fa sera, che giornata hai passato: hai buttato via del tempo? Potevi impiegarlo in modo più produttivo? E se la risposta è sì, dovresti porti come obiettivo di rimediare il giorno seguente: perché quel giorno non tornerà indietro ed è uno spreco enorme non usare le nostre ore come desideriamo.

Prima di dormire cerco anche di indirizzare la mente su qualcosa che mi fa stare bene. Può essere un ricordo o un'attesa per il futuro, immagino anche cose pazzesche che forse non accadranno mai, ma che in quel momento mi danno gioia.

È meraviglioso, quando sei lì che stai per prendere sonno, analizzare la tua giornata per capire se c'è qualcosa in più che potresti fare per migliorarti e poi focalizzare l'attenzione su qualcosa di bello che è successo: può essere l'incontro con una persona, una telefonata che hai fatto con qualcuno…

Oppure sogna. Rilassati e visualizza ciò che desideri. Immagina come sarebbe se tu ce l'avessi già. Vuoi un lavoro diverso? Quale lavoro vorresti fare? Vuoi fare il pilota d'aereo? Immagina come sarebbe la vita se tu lo fossi già, prima di addormentarti… sogna!

Immedesimati in quell'istante di quella vita, ti farà stare benissimo!

3. Sono davvero felice?

E poi… abbi il coraggio di essere felice! Non accontentarti mai, anche quando pensi di non avere scelta. Ti sbagli. A volte è il nostro modo di pensare che ci blocca e ci impedisce di aprirci a nuove esperienze. Ma quando ricominciamo, quando ascoltiamo noi stesse e ci chiediamo: «Sono davvero felice?» cambia tutto.

Il coraggio di essere felici è una forza dirompente capace di plasmare la nostra vita, ma per riuscirci servono forza, fatica e, appunto, coraggio. E quando pensi che «tanto ormai la mia vita è così e non cambierà», ecco, è in quel preciso istante che devi impegnarti al massimo. E allora accadrà quell'evento inatteso che modificherà il corso delle cose, ma devi essere capace di accogliere il cambiamento, e solo se avrai l'atteggiamento giusto potrai farlo tuo.

Perché è vero, serve coraggio per rivoluzionare la propria vita, e bisogna essere pronti a una dose di sofferenza che inevitabilmente il cambiamento porta con sé. Ma è un atto d'amore verso te stessa e verso le persone che ti amano: anche loro si godranno la tua felicità.

Questo impulso a migliorare mi ha sempre accompagnata fino a oggi, e se ci penso mi rendo conto che, anche se ho realizzato tantissimi dei miei sogni, non ho nemmeno lontanamente finito, perché i miei obiettivi aumentano e si rigenerano spontaneamente ogni giorno, si può dire che continuino a crescere con me ed evolvano con la mia vita.

Mi piace sognare, immagino di avere ciò che desidero e mi chiedo per esempio come mi sentirei: «Come sarebbe bello avere una casa in riva al mare, con la camera da letto che dà sulla spiaggia». Probabilmente non l'avrò mai, e per questo la cerco su internet, digito: «case con vista spiaggia», scorro le foto, mi studio i dettagli e fantastico su come mi sentirei se vivessi in una casa così.

Atteggiamenti mentali simili sono facilissimi da mettere in pratica, ti danno quell'approccio positivo alla vita che è fondamentale soprattutto quando arrivano le giornate no, quelle in cui c'è bisogno di scacciare i pensieri negativi. Allora devi pensare che puoi farcela perché hai delle risorse interiori fortissime. Concentrati solo sulle cose belle.

A proposito di case, voglio raccontarvi una cosa: dall'appartamento in cui vivevo da ragazzina con i miei genitori guardavo sempre il palazzo di fronte e soprattutto la casa all'ultimo piano, perché aveva un terrazzo bellissimo. Non ci voleva molto a notarlo, essendo il condominio più alto di tutto il quartiere.

Crescendo, una volta presa la patente, ogni volta che arrivavo in prossimità di casa dei miei e dovevo fermarmi al semaforo alzavo gli occhi e guardavo su per osservare quel terrazzo. Ancora adesso ho l'abitudine, quando sono ferma nel traffico o quando qualcun altro sta guidando, di alzare lo sguardo per curiosare, perché adoro i terrazzi grandi. Guardo anche le finestre, e soprattutto di sera, quando le luci sono accese, mi immagino le vite che si nascondono lì dentro, le famiglie, la loro gioia, i loro problemi… sogno dei veri e propri film.

Da ragazzina, ferma al semaforo, guardavo quella casa. Che bella, pensavo, che terrazza splendida, con tutte quelle piante… chissà chi ci abita.

Crescendo, ho pensato che mi sarebbe piaciuto vivere in una casa con un grande terrazzo, ma a Milano non è facile trovarla, non ce ne sono tante, soprattutto nella mia zona preferita, e così continuavo a sognare quel famoso terrazzo all'ultimo piano. Un giorno, Sofia aveva pochi mesi e stavo camminando in zona con il passeggino, sono passata sotto quel palazzo e ho incrociato casualmente il custode, così mi è venuto spontaneo chiedere: «Scusi, chi abita nell'appartamento all'ultimo piano?» e lui: «Marito e moglie con la figlia». Gli ho chiesto se per caso fosse in vendita, ma lui mi ha risposto: «No! Assolutamente no, figuriamoci, vivranno qua da trent'anni ormai», e così, un po' sconsolata, ho continuato la mia passeggiata con Sofia.

Diversi anni dopo continuavo a voler cambiare casa e guardavo ossessivamente gli annunci sui quotidiani.

Un giorno, me lo ricordo come se fosse ieri, lessi «Vendesi appartamento all'ultimo piano», nella zona che mi interessava. Chiamai subito e mi rispose un addetto, ma quando gli dissi che ero interessata a quell'abitazione lui tagliò corto: «Guardi, no signora, quello è un pezzo particolare», ed era restio a darmi ulteriori dettagli. Dovetti insistere molto per saperne di più.

Il pomeriggio seguente andai da lui a vedere la pianta dell'immobile; era una tipologia di appartamento che poteva piacermi, ma ancora non avevo capito dove si trovasse di preciso. Quando gli chiesi la posizione lui mi diede le coordinate del palazzo, del numero civico e del terrazzo che per tanti anni avevo osservato con occhi sognanti... Per un attimo rimasi incredula.

Il giorno dopo, il geometra mi portò a vedere la casa, e nel momento esatto in cui entrai me ne innamorai. Penso spesso a ciò che mi è successo, perché sono convinta che nulla capiti per caso. È la casa che avevo fissato per un decennio, che avevo sognato dall'appartamento dei miei o dal semaforo: ed è la casa dove oggi abito e dalla quale sto scrivendo queste pagine.

Nel quotidiano bisogna sempre restare svegli per non scivolare in quell'arrendevolezza con cui tante volte ci limitiamo senza neanche accorgercene: esattamente come quando scegliamo di non prendere la macchina pensando che non troveremo parcheggio.

Tante persone, quando vedono la mia auto, mi chiedono: «Ma come fai a guidare una macchina così grossa?» Ma che domanda è? E perché non dovrei guidarla? A me piace, mi fa sentire a mio agio.

Ecco i famosi limiti che ci poniamo, che spesso ci impediscono di vivere al meglio i momenti della nostra vita.

6

Non rincorrere
il tempo, non si
fermerà.
Sei tu che devi
fermarti.

TEMPO

«Il tempo è relativo, il suo unico valore è dato da ciò che noi facciamo mentre sta passando.»
— ALBERT EINSTEIN

- Cinque minuti in macchina prima che i ragazzi escano da scuola: *One* degli U2.

- Un minuto per concentrarmi prima della diretta.

- Tutta la notte per dormire abbracciati se uno dei miei figli ha la febbre.

- Quindici minuti per scegliere un film da guardare.

- Trenta minuti per cuocere la torta.
- Cinque minuti, dopo il suono della sveglia, per alzarmi.
- Un minuto per un abbraccio.
- Quindici minuti per chiacchierare al telefono con la mia amica.
- Dieci minuti per mettermi la crema idratante dopo la doccia.
- Un minuto per gustare il mio cioccolatino preferito.
- Dieci minuti per scegliere cosa mettermi.
- Tutto il tempo del mondo per dire «ti voglio bene».
- Quindici minuti per giocare sul lettone con i miei figli.

- Cinque minuti per scaldarmi davanti al camino.
- Un minuto per prendere il caffè.
- Quindici minuti per arrivare in spiaggia in bicicletta.
- Quarantacinque minuti per la riunione di redazione.
- Trenta minuti per fare la spesa.
- Quindici minuti per raccontare le novità a mia sorella.
- Venti minuti per mettermi lo smalto.
- Trenta minuti per scegliere un regalo.
- Un'ora per leggere sul divano.
- Quindici secondi per un bacio.

- Venti minuti per ripassare la lezione con i miei figli.
- Ogni secondo disponibile per le coccole.
- Dieci minuti per truccarmi e uscire.
- Quindici minuti per guardare un tramonto.
- Cinque minuti per annaffiare una pianta.
- Un pomeriggio per riordinare vecchie foto dentro un cassetto.
- Un minuto per fermarmi e ascoltare le campane.
- Un'ora per giocare a Monopoli con i miei figli.
- Due minuti per scrivere «ti amo» su un biglietto e nascondergliela in tasca.
- Un'ora per fare un po' di ordine nel guardaroba.

- Due minuti per lavarmi bene le mani.

- Un'ora per giocare a burraco con i miei figli.

- Solo tre mesi per dire addio per sempre
a mio padre.

7

L’unica responsabile
delle tue scelte
sei tu.

CAPELLI

«I capelli, i capelli sono tutto, lo sai? Hai mai affondato il naso in una montagna di capelli sognando di addormentarti sopra?»
— Scent of a Woman - Profumo di donna

Per anni sono stata quella con i capelli lunghi, poi li ho tagliati e sono diventata quella che prima aveva i capelli lunghi. All'inizio della mia carriera televisiva era davvero il mio tratto distintivo: non ero Federica Panicucci, ma ero «la ragazza dai capelli lunghi».

La ragione principale per cui fin da ragazzina avevo scelto di farmi crescere i capelli in maniera così smisurata è nata dalla necessità: già ero convinta che le mie gambe fossero troppo magre, in più c'era un lato B piuttosto pronunciato e questa combinazione non mi piaceva per niente. Quindi, da un lato nascondevo le gambe con pantaloni e gonne lunghe e dall'altro tentavo in qualsiasi modo di coprire il lato B; uno dei trucchi che avevo sperimentato era stato quello di farmi crescere i capelli a dismisura. Nel tempo mi ci sono affezionata, perché di natura non amo molto il cambiamento e tutto ciò che non è stabile mi dà fastidio.

Pur avendo vissuto dei cambiamenti molto importanti nella mia vita, ancora oggi ne sono mortalmente spaventata.

Di conseguenza l'idea di tagliare i capelli per me era paragonabile a un trasloco.

E così sono rimasti sempre uguali e hanno continuato inesorabilmente a crescere, fino a quando sono diventata quella che in televisione aveva i capelli più lunghi, e questa caratteristica non valeva solo agli occhi degli altri, ma ormai era diventata essenziale anche nell'immagine che avevo di me stessa.

Di tanto in tanto si presentava qualche inconveniente, ma per me non aveva molta importanza.

Quando andavo a scuola, appena l'autobus arrivava alla mia fermata e io mi avvicinavo all'uscita, ero costretta a bloccarmi perché i miei capelli spesso rimanevano incastrati ai bottoni della giacca di qualcuno, alle cerniere degli zaini, alle zip delle giacche a vento. Oppure la notte, avendo questi capelli chilometrici, per girarmi nel letto tutte le volte dovevo sedermi, prendere i capelli, spostarli e poi voltarmi. Per me era assolutamente normale, lo facevo in automatico anche mentre dormivo.

La domanda che tutti mi facevano più spesso era: «Ma quando vai in bagno come fai?» Ovviamente per me non è mai stato un problema, eppure negli altri restava un dubbio.

I problemi erano ben altri: per esempio non riuscivo neanche a farmi la coda perché diventava troppo pesante, non li potevo raccogliere, era una tale massa che non si riusciva a organizzare in alcun modo. Tra l'altro, non essendo trattati con colore o piastre, erano lunghi e perfetti, non erano rovinati né sfibrati. Erano il mio tratto distintivo, la mia unicità.

All'epoca li lavavo con uno shampoo e un balsamo super pregiati che compravo in farmacia; ero all'inizio della mia vita lavorativa e spendevo cifre che per me erano importanti per comprare questo benedetto shampoo che vendevano in bottigliette minuscole di vetro: lo centellinavo ed ero convinta che facesse molto bene ai capelli. Non mi sarei mai sognata di decolorarli, quindi per anni e anni ho avuto sempre gli stessi identici capelli, con il mio colore naturale, ovvero castano. Facevo tutto da sola, non permettevo a nessuno di toccarli, non andavo nemmeno dal parrucchiere, anche perché tutta quella chioma non poteva entrare nemmeno nel lavatesta. Insomma, li trattavo come se fossero il mio gioiello più prezioso.

Eppure un giorno – ero già grande – per la prima volta ho pensato che forse era arrivato il momento di tagliarli.

In teoria ne ero convinta, ma in pratica mi mancava il coraggio di farlo davvero. A un certo punto chiamai mio padre e gli dissi: «Sai, stavo meditando di tagliarmi i capelli». Ero straconvinta che lui avrebbe cercato di farmi cambiare idea: anzi, a ripensarci adesso forse l'avevo chiamato proprio per farmi dire che questa cosa sarebbe stata una pazzia.

E invece, inaspettatamente, dall'altra parte sentii: «Oh, finalmente! Ottimo, fai benissimo a tagliarli!» Questo mi illuminò all'improvviso, mi spiazzò talmente tanto che grazie al suo incoraggiamento trovai la forza per farlo davvero.

Il taglio dei miei capelli fu trasmesso in tv a *Target*, un programma condotto da Gaia De Laurentiis, e fu un evento televisivo che ancora oggi molti ricordano: quel momento fece il picco di ascolti con le mie lacrime e il taglio feroce di questa lunga treccia, che conservo ancora in un cassetto in camera da letto.

Ogni tanto tiro fuori questo reperto e i miei figli ne rimangono affascinati, lo osservano e si domandano come potessi avere i capelli così lunghi, anche se hanno visto qualche fotografia di quel periodo e anche se mia figlia oggi mi somiglia molto, perché anche lei ha una chioma lunghissima, che le arriva quasi ai fianchi.

Quel famoso giorno del taglio, pur avendo meditato lungamente – almeno un anno! –, perché ho bisogno di metabolizzare i cambiamenti con i miei tempi, guardarmi allo specchio fu uno choc. Ma per me era il modo giusto di dare un nuovo corso alla mia vita, una svolta di cambiamento e crescita.

La prima cosa che ho provato, la prima sensazione che non riesco ancora a dimenticare, è stata ruotare la testa a destra e a sinistra e sentire il collo nudo e la testa leggerissima.

Fin da quando ero bambina avevo sempre avuto quel peso addosso, e sentirmi finalmente leggera fu un'esperienza indescrivibile.

Dopo il taglio iniziarono vari tentativi per capire che cosa potessi fare con i miei capelli, perché avevo passato una vita intera con una chioma lunghissima, quindi senza dovermi preoccupare della piega e del parrucchiere; anzi, non sapevo nemmeno cosa fossero. Li avevo sempre lavati da sola ed ero abituata a organizzare le mie giornate in funzione del lavaggio dei capelli, perché erano talmente lunghi che lavarli, asciugarli e pettinarli richiedeva almeno un'ora e mezza, ma era comunque una routine con la quale avevo preso confidenza, che non richiedeva particolari cambiamenti o decisioni.

Poi, improvvisamente, mi sono trovata spiazzata dall'essere costretta ad affidarmi alle mani di qualcun altro e confusa da un'immagine di me stessa che forse semplicemente non mi corrispondeva.

Non vorrei più rivivere quel periodo con i capelli corti, perché si rivelarono ingestibili. Avevo affrontato il taglio con la curiosità di scoprire che cosa poteva scaturire da un cambiamento così importante, ma forse fu proprio quel cambiamento a farmi capire che tutto sommato la mia vita è legata alla mia lunga chioma, e va bene così.

Amo i capelli lunghi, ogni tanto mi dico che effettivamente lo sono un po' troppo e allora provo a farmeli tagliare, magari solo due dita, tre-quattro centimetri, con un grande lavoro su me stessa perché è come cancellare in pochi minuti tutti gli anni che ci hanno impiegato per crescere.

Soffro molto, ma poi mi dico: perché devo soffrire? Non c'è nessun motivo al mondo, e quindi li tengo lunghi.

Tra l'altro, facendo un lavoro come il mio, ho dovuto trovare una persona che capisse davvero ciò che desidero. Già normalmente capita a moltissime donne di andare dal parrucchiere e uscire un po' perplesse: di guardarsi nelle vetrine perché non ci si sente per niente convinte del taglio e magari alla fine arrivare a casa per infilarsi sotto la doccia e lavarsi i capelli, perché con quella piega se ti guardi allo specchio non ti riconosci… Il rapporto con il parrucchiere è fondamentale, diventa quasi il tuo alter ego; deve leggerti nel pensiero, è una persona della quale ti devi fidare moltissimo.

Anche in questo io sono piuttosto stanziale. Ne ho avuto uno che mi ha seguita per dodici anni ininterrottamente, finché non ci siamo dovuti separare quando lui ha realizzato il sogno di aprire un salone tutto suo. Da quel momento ne ho cambiati diversi: è difficile trovare il professionista giusto che sappia interpretare i tuoi desideri e consigliarti, ma quando lo trovi è un dono impagabile. Io ho avuto la fortuna di incontrarlo e adesso sarebbe impensabile perderlo, glielo dico continuamente che io e lui abbiamo un patto per la vita, non può abbandonarmi! Lui annuisce sempre con entusiasmo, e se a volte è un po' perplesso io non mi pongo il problema.

Per me averlo trovato è stato importantissimo. Perché i capelli, insieme al viso, sono la parte più rappresentativa della persona, incorniciano il volto e sono essenziali nell'immagine che vediamo quando ci guardiamo allo specchio, il riflesso che dobbiamo amare. Per questo diventa fondamentale affidarli alle mani giuste e prendersene cura con qualche piccola accortezza che può fare davvero la differenza.

Mi hanno chiesto spesso se porto extension, ma in realtà questi capelli così lunghi sono tutti miei. Sono ancora folti, la fibra è molto forte e mi piace pensare che sia anche dovuto al fatto che fin da quando ero ragazzina li ho sempre curati tantissimo.

In generale, uso solo prodotti specifici, come shampoo e maschere idratanti che lascio in posa più che posso. A volte, quando sono a casa e ho un po' più di tempo, prima di lavarli faccio degli impacchi sulla lunghezza, li fermo con un mollettone e tengo l'impacco anche un'ora, un'ora e mezza. Poi vado sotto la doccia, li lavo e metto la crema nutriente; prima di usare il phon e la piastra, quando ho i capelli ancora umidi, uso una schiuma idratante e addolcente e a seguire un altro olio che li protegge dal calore.

Normalmente cerco di non affaticarli troppo (li lavo ogni tre o quattro giorni); e al mare, nei mesi estivi, quando non lavoro e li lavo tutti i giorni, non uso né piastra né spazzole, cerco di usare pochissimo anche il phon e di lasciarli il più possibile al naturale, proprio per farli riposare senza stressarli.

I prodotti che uso per la *beauty routine* dei miei capelli sono tutti dei ristrutturanti per capelli trattati. Se ne possono trovare di ottimi anche al supermercato senza dover spendere cifre esorbitanti, purché siano specifici e sempre protettivi contro il calore del phon. Questo è fondamentale: non uso mai spazzole termiche, per esempio, perché secondo me danneggiano tantissimo il capello.

Il phon, la piastra, i colori, le schiariture, i colpi di sole: sono procedure che nel tempo possono indebolire i capelli. È per questo che cerco sempre di mantenerli idratati e corposi. E quel sant'uomo del mio parrucchiere fa sempre attenzione a usare le tecniche più corrette: il phon non troppo attaccato ai capelli, la piastra passata una volta sola e velocemente per evitare tutto ciò che può essere stressante.

Indubbiamente, la bellezza dei capelli viene anche dall'interno, perché rispecchiano lo stato generale di salute di una persona. Per questo spesso mi aiuto con integratori specifici: faccio delle cure di circa sei mesi, sospendo magari con una pausa di due o tre, poi riprendo.

Anche questo per me è fondamentale, perché è innegabile che certe sostanze aiutino parecchio ma è impossibile assumerle tutte con l'alimentazione, si dovrebbe mangiare in maniera esageratamente scientifica; è invece molto più facile ricorrere ad alcuni integratori naturali che di sicuro non possono nuocere.

Forse ho un'ossessione anche per gli integratori... Le mie amiche mi dicono sempre che ho sbagliato mestiere, perché sono così convincente da farli comprare perfino a loro; a volte, quando si parla di capelli, mi trattano come se fossi una *hair stylist*, visto che ormai in materia ho una competenza spaventosa, oppure si guardano tra loro e iniziano a ridere, quando mi perdo a elencare per ore le proprietà benefiche dei prodotti più disparati.

Per fortuna ho un'amica che è fissata quanto me (se non di più), si chiama Chicca e anche lei è sempre felice di discutere di questi argomenti, perché in effetti non è facile trovare qualcuno con cui condividere pienamente interessi simili.

Ovviamente, un altro con cui mi posso sbizzarrire a parlare di questa passione è il mio parrucchiere, che mi dà sempre soddisfazione e ha la capacità di intuire quello che voglio quasi meglio di me.

Qualche volta è capitato perfino che queste chiacchiere prendessero un risvolto molto utile e che il parrucchiere giusto riuscisse quasi a cambiarmi la vita.

È successo all'inizio degli anni Novanta. Stavamo preparando la conduzione della mia terza edizione del *Festivalbar* e mi proposero di tagliarmi i capelli per rinnovare la mia immagine, che secondo qualcuno era un po' troppo ripetitiva e noiosa.

E in effetti non avevano tutti i torti, ma ancora non ero pronta per questo passo così importante e trovai un compromesso che potesse mettere d'accordo tutti:

io e il mio parrucchiere ci inventammo una serie di acconciature particolari che lui riuscì a realizzare nonostante il peso e la lunghezza; così per tutta quell'edizione ho avuto i capelli raccolti, dando un'immagine diversa come mi era stato chiesto.

Sapevo bene che le figure professionali con le quali mi confrontavo e che negli anni mi hanno dato questi input di cambiamento lo facevano perché avevano maggiore esperienza di me e certamente lo facevano per il mio bene. Lo capivo, e oggi lo capisco ancora più di allora, ma non potevo snaturarmi in quel modo. Non potevo accettare un cambiamento così grande in un momento in cui non ero ancora pronta. Quindi ho sempre cercato di venire incontro a queste richieste, che capivo spesso essere corrette, rispettando però anche i miei tempi e le mie esigenze.

Non avrei mai potuto affrontare un taglio del genere solo perché qualcuno lo chiedeva, con la consapevolezza che poi ne avrei sofferto tantissimo.

Il momento del taglio è arrivato giusto un paio di anni dopo, e chissà che non fosse stato proprio quel *Festivalbar* a farmi iniziare a riflettere sulla possibilità di cambiamento. Però, sempre con i miei tempi!

Malgrado tutta quella preparazione, mentre mi tagliavano la treccia ho pianto come se stessero asportando una parte di me, e ancora oggi, quando per ridere la prendo dal cassetto, mi sembra di rivedere in qualche modo quella ragazza, con le mille emozioni associate a quegli anni.

Insieme alla treccia ho conservato anche i boccoli dei miei figli quando erano piccoli. In una scatolina custodisco perfino un ricciolo di quando ero bambina e i miei capelli erano molto biondi, a boccoli. Erano davvero belli, con quel mosso naturale, ma quando avevo circa sei o sette anni un giorno mi portarono dal parrucchiere e me li fecero tagliare quasi da maschio: fu uno choc tale che da quel momento non volli più toccarli.

Ho delle foto di quando ero bambina in cui avevo già questa chioma infinita, pochi anni dopo quel taglio così radicale, e forse è proprio allora che è nata in me l'idea che i capelli fossero qualcosa di prezioso, da curare e valorizzare.

A mio parere sono un'arma di bellezza importante, perché un bel capello veste e racconta moltissimo della personalità di una donna. Racconta come vivi, come ti prendi cura di te, dice tanto su chi sei. Ed è per questo, credo, che per tante donne provare una nuova pettinatura rappresenta un momento importante, uno spartiacque che segna in modo netto certi momenti della vita. E per me questo è particolarmente vero, proprio perché per natura mi lego e mi affeziono molto alle cose.

Ai miei capelli poi sono talmente affezionata da avere l'ossessione di perderli… Okay, c'è una caduta fisiologica, ma in altri periodi dell'anno secondo me i capelli cadono in modo anomalo, considerati soprattutto i trattamenti che faccio! L'impacco, uno shampoo, poi l'altro, poi la crema, tutto applicato con la massima delicatezza.

Ma quando li strizzo e me li ritrovo in mano… perdo la testa. Sono arrivata a contarli: un giorno erano quarantaquattro, un altro cinquantacinque, allora faccio i conti: cinquantacinque più quarantaquattro sono già un centinaio, se vado avanti così per un mese è finita…

Finché una sera, durante una cena, la mia amica (sempre la stessa, ovviamente) non mi ha detto una frase illuminante: «Guarda, Fede, che l'unica cosa che può arrestare la caduta dei capelli è il pavimento!»

Da quel preciso istante ho capito che effettivamente avrei potuto fare ben poco oltre che crucciarmi, quindi ho smesso di contare i capelli e soprattutto ho smesso di ossessionarmi con quelli che rimanevano attaccati al cappotto quando lo toglievo.

Ho smesso. La situazione non è migliorata ma almeno cerco di ignorarla. Prendo i miei integratori pensando che siano magici e che possano farmi ricrescere tutti i capelli che perdo.

Quando il mio parrucchiere mi dice che una caduta simile è assolutamente nella norma io lo so che mente, ma mi piace: lo ascolto e ci credo tantissimo. Mi dice: «Guarda che è del tutto normale, anzi, hai una massa di capelli incredibile». E io mi godo le sue bugie a fin di bene. Più me le dice, e più ci credo.

Il parrucchiere giusto ti vede bella così come sei (o almeno, sa fingere benissimo!), è sempre al tuo fianco per aiutarti a essere al cento per cento e soprattutto non cercherà mai di persuaderti a fare un taglio o un colore che non ti convince o non ti piace solo perché si accorda al suo gusto o all'immagine che si è fatto di te.

Ci vuole molta fiducia per dare le spalle a chi ha delle forbici in mano e il potere di fare qualcosa su cui tu non avrai alcun controllo, anche perché da un taglio o da un trattamento di un certo tipo non è così facile tornare indietro, e se pure da parte del parrucchiere c'erano le migliori intenzioni, alla fine quella che deve andare in giro con quella testa sei tu e non lui!

In fondo ciò che vogliamo è trovare qualcuno che ci sappia ascoltare, ci capisca, che non ci chieda di essere quello che non siamo.

Il parrucchiere giusto per me è quello che se gli chiedi di tagliare due centimetri ne taglia uno, perché preferisce avere un margine per fare qualcosa in più anziché esagerare, sapendo che poi non si può tornare indietro.

Quelle rare volte in cui decido di spuntare i capelli si verifica sempre lo stesso teatrino: il mio parrucchiere all'inizio fa finta, perché ha paura che io cambi idea in maniera repentina.

Solo quando vede che insisto e sono davvero convinta ne taglia una misura infinitesimale, meno di mezzo centimetro, perché sa che nel preciso istante in cui inizierà a sforbiciare io mi volterò, osserverò il pavimento e cercherò di capire quanti ne ha tagliati. Lui sa che lo farò. Quindi, per non rischiare, ne taglia veramente pochi, quasi niente.

Così io posso guardare e dirgli: «Ah, che bravo sei!» e lui può rispondermi: «Grazie, ma se vuoi tagliamo anche un po' di più»; tanto lo sa che a quel punto ribatterò: «Ma no, dai, per questa volta va bene così». E allora andrò via felice e lui saprà di aver spuntato poco e niente.

Ognuno di noi deve sentirsi libero di decidere come essere e chi essere, nel rispetto degli altri e soprattutto nel rispetto di sé. Sei tu a scegliere. Soltanto quando decidi chi sei davvero potrai diventare una persona sicura, non c'è altro modo.

Ormai capita sempre più spesso di fare qualcosa che non ci appartiene: in molti tendono a emulare ciò che vedono in tv o sui social poi, però, una volta arrivati a casa, le persone che vedono allo specchio sono solo le imitazioni di qualcun altro.

Per me la cosa più importante è sapere che sono vera, autentica; agli altri potrò piacere o non piacere, ma almeno piaccio a me stessa. In più, sono convinta che quando qualcuno si piace, ha una luce e un modo di fare che lo rendono molto più affascinante di chi invece sta imitando qualcun altro o si sta sforzando di fare qualcosa perché è «alla moda».

Sulle altre donne per esempio mi piacciono molto i capelli corti, spesso vedo le mie amiche e colleghe con dei tagli meravigliosi che in teoria vorrei provare anch'io, ma questo desiderio non dura più di un attimo. È più forte di me, io sono questa: l'ho finalmente compreso adesso, alla mia età, e non lotto neanche più contro quello che sono e che voglio. Da che ho memoria ho sempre avuto i capelli lunghi, a parte quella piccola parentesi che non ho amato, ed è così che voglio vedermi, sempre.

L'unico cambiamento duraturo l'ho fatto sul colore, ed è stato graduale e un po' casuale. Quando avevo i capelli corti mi avevano proposto: «Perché non proviamo anche a fare dei colpi di sole?» e da allora ho iniziato con un colpo di sole, poi due, tre, venti, cinquanta, duecento, e alla fine sono diventata così chiara.

Adesso sono bionda a tutti gli effetti: il mio colore naturale sarebbe molto più scuro, ma oggi io sono questa e mi piaccio così. Anche in questo ho cercato di ascoltare soprattutto me stessa, mediando tra ciò che volevo, le tendenze della moda e la direzione verso cui in quel momento mi spingevano a essere; alla fine ho preferito assecondare i miei desideri senza dare retta a queste lusinghe.

Questo è un *fil rouge* che nella mia vita è tornato spesso. In alcuni momenti sono stata severa con gli altri e indulgente con me stessa, a volte ho sbagliato e altre volte no, ma non posso rimproverarmi niente, perché alla fine ho fatto solo le scelte che volevo fare, giuste o sbagliate che fossero.

In ogni caso posso arrabbiarmi solo con me stessa, visto che non ho mai dato retta ai consigli altrui. Chissà, magari avrei dovuto, ma oggi sono felice così.

Dicono spesso che alla mia età le gonne si allungano e i capelli si accorciano; nel mio caso le gonne si sono accorciate e i capelli si sono allungati. E io sono pazza di gioia.

8

Fatti trovare pronta
per affrontare
le cose, comprese
quelle inattese.

HEAVY LUGGAGE

7 consigli per la valigia perfetta

«Un consiglio sui treni:
l'importante non è dove vanno.
L'importante è decidere di
prenderli.»
— Polar Express

1. Prevedi l'imprevisto

Partiamo dal presupposto che per me la valigia è una grandissima fonte di ansia: non tanto perché ho paura di dimenticare qualcosa, ma perché nella mia testa dev'essere organizzata nei minimi dettagli, deve rispondere a tutte le casistiche, a ogni emergenza che potrebbe presentarsi quando si è in viaggio.

Quello che sto per raccontarvi ha dell'incredibile, lo so: lo dicono sempre anche le mie amiche, ma ormai ho imparato a conviverci. È più forte di me, non riesco a farne a meno. Oggi ho la fortuna di avere un guardaroba importante, quello che un tempo sognavo di avere da «grande», ma vi posso assicurare che l'ho sempre fatto, anche quando ero una ragazzina e nell'armadio avevo quattro cose: come vi dicevo, è più forte di me.

Supponiamo che io debba stare fuori cinque giorni, quindi cinque sere. Bene, dovete sapere che comincio a preparare cinque outfit, uno per ogni sera. Ovviamente ogni cambio deve avere la sua borsa, la sua scarpa e i suoi accessori abbinati (e solo di recente ho iniziato a considerare qualche pezzo jolly). Poi però mi dico: e se una sera invece che andare al ristorante decidessimo di mangiare in una paninoteca? In quel caso i vestiti che ho scelto non andrebbero bene ed è quindi indispensabile prevedere un'ulteriore variante; in pratica ogni sera deve avere sia un cambio più elegante sia uno più informale, ma anche il cambio informale deve avere la sua scarpa, il suo accessorio e la sua borsa. Lo so che cosa state pensando, che sono una matta, e forse non avete tutti i torti…

E ancora non abbiamo affrontato l'argomento «giornata»: se vado in spiaggia, vorrei avere un copricostume per ogni giorno di viaggio, perché bisogna prevedere che si sporchi o che si unga di crema solare. Ogni copricostume, ovviamente, dovrebbe avere un costume, che tuttavia quando mi tufferò in acqua si bagnerà e si riempirà di sabbia, perciò dovrei metterne in valigia un numero consistente. Per non parlare della variabile meteo: se ho previsto un copricostume per una giornata di sole e poi invece piovesse, quel giorno non andrei in spiaggia, ma magari a fare un'escursione, e lì si apre il capitolo escursioni con i relativi cambi. Dove si svolgerebbero queste gite?

Una volta che hai messo da parte i copricostumi e i costumi in abbondanza, bisogna iniziare a pensare anche a quello. Vuoi non portarti una felpa? Sì, è vero, è estate, però potrebbe comunque piovere, allora è meglio portare anche un giubbino, e se hai l'accortezza di prendere qualche pareo random in più da cacciare in valigia all'ultimo momento, al massimo se dovesse arrivare un acquazzone improvviso potrai sempre usarli come sciarpa. Il giubbino col cappuccio è comunque fondamentale se dovesse venire una burrasca.

Per le giornate al mare per me è fondamentale trovare una borsa abbastanza capiente da contenere:

- la trousse in cui mettere il caricabatterie, il cellulare, il caricabatterie portatile (perché, quando sei in spiaggia tutto il giorno, se il telefono non ti funziona più sei rovinata);

- gli occhiali da sole: ma non puoi averne un paio solo, devi portarne più di uno nel caso in cui il primo si rompa o vada perduto. Magari con un colpo di fortuna riesci a recuperarne nel fondo di qualche cassetto uno o due che di solito usi meno, così puoi cacciare dentro pure quelli;

- le creme solari: questo è un problema enorme perché se appena arrivi hai ancora la pelle chiara dovrai prevedere una protezione alta, soprattutto per il viso, da scalare via via che passeranno i giorni. Quindi parti con la 50, poi si scala: 40, 30, infine 20 e, ovviamente, più giù della 20 non si può scendere mai! Dopo la doccia serve un doposole, ma se per caso poi ti capitasse di ustionarti, è importante attrezzarsi con un doposole più forte, di quelli all'aloe; se invece va tutto bene ne basterà uno qualsiasi (e quindi via, entrambi in valigia!). Se però hai dei bambini non puoi correre il rischio che le creme non bastino, quindi per stare tranquilli è meglio metterne in valigia due per ogni grado di protezione;

- prodotti per capelli: è vero che in vacanza si possono anche comprare, però nella mia testa è come se si andasse sempre in un posto dove non ci saranno negozi, quindi è fondamentale partire già con due o tre shampoo presi dal mio rivenditore di fiducia, dove so che i prodotti sono ottimi. Per non parlare del balsamo;

- per il mare serviranno le infradito: non ne vuoi portare due paia? Così se una dovesse rompersi avrai sempre quella di ricambio.

Preparo tutta questa quantità abnorme di roba sia per me sia per i ragazzi, e in questo modo le valigie sono più o meno fatte. Di solito ci impiego una settimana per farlo: inizio piano piano, un giorno una cosa, un giorno l'altra. Mentre metto via gli indumenti che ho scelto, inizio a preparare anche delle liste in cui annoto tutto ciò che devo ricordare prima di partire e quello che va in valigia ma che non posso riporre in anticipo.

Per esempio:

- il phon e una piastra per capelli (perché è vero che sei in vacanza, ma l'imprevisto è sempre dietro l'angolo e ci tieni a essere in ordine);

- elastici, tantissimi elastici;

- tutte le pinze per capelli che hai in casa;

- spazzole (più di una, ovviamente);

- pettine.

Quando parto, di solito ho anche un borsone da viaggio, una sorta di «borsone dell'imprevisto» che preparo con altrettanta cura e che deve contenere praticamente tutto, così da poter stare un po' più tranquilla in caso avessi bisogno di qualcosa durante il viaggio, perché l'avrò sicuramente a portata di mano.

Cosa ti serve:

- documenti;

- un cambio (un intimo, una t-shirt, magari dei leggings e un paio di calze) è indispensabile, perché non si sa mai: e se poi ti perdono la valigia?

- gel disinfettante;

- salviettine umidificate;

- ovviamente il telefono con tutti i device che desideri, tipo cuffiette, iPad eccetera;

- un caricabatterie e il famoso caricabatterie portatile;

- fazzoletti di carta;
- trousse con dentro un burrocacao, perché se viaggi in aereo ti si potrebbero seccare le labbra, più una crema per il viso, un profumo, la spazzola, uno specchietto, un lucidalabbra;
- mascherina per gli occhi e tappi per le orecchie se vuoi dormire;
- elastici per capelli;
- taccuino e penne, perché se ti viene in mente qualcosa devi poter prendere appunti;
- caramelle;
- occhiali da sole.

Una volta, dovevo partire con Marco, il mio compagno, e gli ho chiesto un consiglio: «Secondo te per una settimana avrò bisogno di due valigie o una?» e lui mi ha risposto: «Ma no, dai, una basta! Butta tutto dentro e partiamo». Io ho seguito il suo consiglio ed effettivamente ci stava tutto, ma il problema è che pesava sessantasei chili: parecchio più di me. Tuttavia ero serena, perché sapevo di avere il sandalo giusto, le borse giuste per la sera, braccialetti e accessori di vario genere, tutti i prodotti per truccarmi, gli struccanti, le salviettine, il dentifricio, lo spazzolino elettrico… qualsiasi cosa. Quando parto voglio avere tutto, non sopporto l'idea di arrivare in un posto e dover dire: «Caspita! Se solo mi fossi portata quella cosa». Mi innervosisco solo a pensarci, e non voglio che succeda. Quindi è meglio prevedere anche i desideri che potrò avere quando sarò in vacanza. E, tutto sommato, preferisco eccedere un pochino piuttosto che rischiare di trovarmi nei guai.

Certo, per riuscire a mettere la valigia nel bagagliaio della macchina ci sono volute due persone, e in aeroporto la ragazza del check-in ci ha detto: «Io lavoro qui da vent'anni, ma una cosa simile non l'avevo mai vista». Abbiamo pagato un *extra baggage* che costava praticamente come un altro biglietto, e devo ammettere che sul momento ci è preso un colpo, ma a pensarci bene in effetti ci sta, perché in fondo è come se ci fosse un viaggiatore in più insieme a noi.

Arrivati in albergo, ci hanno informati che avevamo la camera al primo piano, ma era una struttura senza ascensore, quindi il poveretto che doveva portarci la valigia l'ha tirata su e subito ci ha guardati con aria smarrita. Poi, con uno sforzo sovrumano ha cominciato a trascinarla per le scale. Purtroppo però non c'era proprio modo di portarla al piano se non facendola sbattere a ogni gradino, quindi alla fine della rampa la valigia era sbilenca e si erano fracassate due ruote… Appena arrivato al pianerottolo, il facchino si è fermato per riprendere fiato e ha guardato il bagaglio terrorizzato, perché se già era pesantissimo con quattro ruote, figuriamoci cosa sarebbe stato solo con due!

Finalmente, trascinando in qualche modo questa valigia, siamo entrati tutti e tre in camera. Ma non appena l'ho vista mi sono resa conto che non andava bene e ho detto a Marco: «Che dici? Questa camera non mi sembra proprio il massimo…»

Così Marco è tornato alla reception e gentilmente ce ne hanno assegnata un'altra. L'unico problema è stato che quando abbiamo detto al facchino: «Guardi che abbiamo cambiato camera, ci sarebbe da spostare la valigia», lui si è messo quasi a urlare: «No, no, io no, io no!» e se l'è data a gambe. Ne hanno chiamato un altro che è arrivato, l'ha sollevata (ormai senza due ruote non si poteva più trascinare) e con una smorfia che era un misto tra dolore e fatica, l'ha portata giù per tutta la rampa di scale fino all'altra camera, che fortunatamente per lui era al piano terra.

A quel punto, ora che la valigia aveva due ruote rotte, non mi restava altra scelta: ho comprato un altro bagaglio, più un borsone morbido che per me si è rivelato fonte di grande sollievo. Tanto quando vai in vacanza vuoi sempre comprare qualcosa per ricordo, no? Una t-shirt, un sandaletto o un braccialettino che comunque andranno ad aggiungersi a quello che ti sei portata da casa. Ecco, io avevo l'ansia di non avere spazio per queste nuove compere, perché già con i sessantasei chili con cui ero partita la valigia nuova non si chiudeva benissimo. Quindi ho comprato quest'altro borsone gigantesco e in più, su consiglio di Marco, abbiamo suddiviso il carico in modo da avere quaranta chili in una valigia e venticinque nell'altra. Okay, magari non sarò una donna pratica, anzi, non lo sono per niente. Ma almeno ogni volta che vado in vacanza ho tutto con me e sono certa che non mi mancherà mai niente. Non ricordo che mi sia mai successo di trovarmi spiazzata, che mi mancasse qualcosa da dover ricomprare durante il viaggio. Forse non ho mai dimenticato qualcosa in generale. È per questo che consiglio di iniziare con le liste almeno tre settimane prima della partenza.

Nelle liste vanno inseriti anche e soprattutto i vari annessi e connessi, perché la cosa più impegnativa è ricordarsi di tutti quegli oggetti che siamo abituati ad avere intorno quotidianamente e a dare per scontati. Ogni volta che mi viene in mente una cosa la scrivo e dopo poco mi ritrovo la casa piena di liste, di biglietti-ni appiccicati ovunque. Magari registro qualcosa anche sul cellulare, dividendo sempre in base ai giorni, alle cose che devo fare e alla tipologia di vacanza.

La cosa più importante è riuscire a prevedere tutto, soprattutto l'imprevedibile.

2. Diversifica i bagagli

Perché quando l'imprevisto accade è proprio un guaio. A me è capitato più volte di perdere la valigia, ed è un'esperienza che non auguro a nessuno. Anni fa ho portato i bambini a Disneyland Paris: scendiamo dal pullman, arriviamo in albergo e, appena scaricano tutte le valigie, mi rendo conto che la mia non c'è. Era rimasta all'aeroporto Charles de Gaulle abbandonata sulla pensilina. E, siccome in Francia sono (giustamente) ossessionati dalla sicurezza, non ci hanno pensato due volte a far brillare un bagaglio incustodito: quindi per una settimana sono rimasta tutto il tempo vestita da personaggi della Disney, con le tute di Minnie e le mutandine di Topolino. Cos'altro puoi comprare una volta che sei già là? Nell'hotel della Disney, ovviamente, c'era solo quello store.

Mi è successo varie volte (sarà colpa del karma?), però adesso, quando faccio viaggi a tappe, per esempio prima città e poi mare, ho imparato il trucco di fare una valigia per la città e un'altra per il mare. Così se una delle due arriva in ritardo di un paio di giorni, come mi è già capitato, almeno ho l'altra e, se sono fortunata, è pure quella giusta.

Ovviamente potrebbero aumentare un po' i chili totali del bagaglio, perché per ogni valigia è necessario un beauty case con tutti gli elementi di base: per shampoo e balsamo dipende, perché in fin dei conti si potrebbero usare quelli dell'albergo, ma io non lo consiglio, perché di solito non sono molto efficaci; però il bagnoschiuma sì. Lo spazzolino e il dentifricio per sicurezza sono sempre in borsa, ne ho due o tre sparsi tra il borsone e la valigia, come gli occhiali da sole. Tutto un po' doppio, per essere più tranquilla, più sicura di me e del fatto di avere tutto.

E infine, mai scordarsi i medicinali. Perché va bene prevedere i desideri, ma se poi si presentasse qualche problema? Per una felpa mi posso anche accontentare di quella della Disney (anche se in quei giorni non la pensavo esattamente così); ma per i medicinali assolutamente no, non se ne parla proprio di comprare il primo rimedio disponibile mai sentito prima. Se viaggio in Italia la situazione è più semplice, perché comunque ci saranno delle farmacie dove posso trovare le medicine che uso solitamente; ma se sono all'estero non sono sicura che potrò rintracciare i prodotti giusti; e comunque, in ogni caso, anche se sono in Italia potrei sempre averne bisogno di notte o quando non ci sono farmacie nelle vicinanze.

Ecco, qui si apre un mondo, perché ovviamente è necessario coprire qualsiasi tipo di patologia: se parto con i bambini, potrebbero soffrire di otite perché vanno in piscina, dove si nascondono i batteri; ma esistono almeno tre tipi di otiti, quindi servono tre tipi di gocce diversi. Lo stesso vale per gli antibiotici: non posso averne uno solo, perché ognuno copre uno spettro di batteri diverso, quindi avrò bisogno di almeno tre antibiotici diversi.

Poi devo pensare a cosa può servire a me, dai cerotti che emanano calore se si indolenzisce un muscolo, alle pomate antidolorifiche se mi viene un qualsiasi dolore, ai rimedi per cistite, vomito, diarrea… qualcosa per le punture di insetti, fiale se per caso rimanessi bloccata con la schiena, qualcosa di antinfiammatorio e poi naturalmente rimedi per mal di testa, mal di gola, mal di mare, mal di pancia… E se mi viene la congiuntivite o un'infiammazione della cornea non posso non avere un collirio! Fondamentale. E poi qualsiasi tipo di cerotto: quello impermeabile, lo strip per le ferite, il cerottone più grande e ovviamente il disinfettante; se mi venisse un eritema devo necessariamente avere la crema al cortisone, ma devo prevedere anche un antistaminico per bocca, anzi, magari più di uno, perché non si sa mai. Il cortisone serve sempre, perché in qualsiasi momento può salvarti la vita. Quindi cortisone sublinguale e in pastiglie. Poi la melatonina, perché se magari faccio un viaggio transoceanico non riesco a dormire, e in più anche la melatonina per i ragazzi. I fermenti lattici, che prendo tutto l'anno e che non devono mancare mai e naturalmente il gel per le afte: meglio essere previdenti! E molto altro… In generale, conviene sempre disfarsi delle scatole e tenere solo i blister, perché tanto ci sono le scadenze anche lì.

L'ideale sarebbe dividere i vari beauty case per sezioni: tipo occhi, orecchie e pelle, perché se ti dovesse servire qualcosa non puoi impazzire e tirarli fuori tutti quanti, in più ogni beauty case deve avere all'interno un elenco preciso di ciò che contiene. Io riservo una parte della valigia ai medicinali, quando arrivo tolgo tutto e li ripongo nei cassetti; fortunatamente non li abbiamo mai usati, però sapere che ci sono mi rassicura e mi fa stare più tranquilla.

Ovviamente prima di partire per un nuovo viaggio bisogna estrarre tutto e ricontrollare ogni singola scadenza.

3. Studia bene la tua destinazione

Nella mia lotta contro l'imprevisto, ho scoperto che il vero segreto per mettere le cose giuste nelle liste è iniziare a studiare bene la propria località di vacanza per capire cosa si farà nei minimi dettagli, dopodiché provare a visualizzare ogni situazione. Se vai in Egitto a fare un'escursione nel deserto, prova già a immaginare quella mattina: come ti vorrai vestire?

Innanzitutto, io ho la mia applicazione del meteo sul cellulare, e anche con quella sono un tantino fissata, perché mi piace sapere che tempo fa in luoghi diversi del mondo, è una cosa che mi ha sempre incuriosita. Ogni tanto, mentre faccio colazione, vedo com'è il meteo a Hong Kong o a Londra, mi piace sempre vedere come va a Parigi, ovviamente guardo spessissimo Milano ma anche le Maldive, così, solo per sfizio.

A maggior ragione se, per esempio, stai per partire per l'Egitto o per Dubai, è assolutamente fondamentale che inizi a consultare il meteo per capire quanti gradi ci sono, se la sera c'è molta escursione termica, se la zona è particolarmente ventosa: e allora puoi iniziare a ragionare di conseguenza. Se hai intenzione di fare un'escursione nel deserto devi documentarti, perché la sera fa freddino, quindi dovrai prevedere pantaloni lunghi, felpa, giubbotto e tutta una serie di cose che magari non avresti mai immaginato di dover portare.

In questa fase organizzativa il mio consiglio è di cominciare a visualizzare cosa hai in programma e poi cercare di prevedere sempre il solito imprevisto: una cena che non ti aspetti o un'escursione alla quale non avevi pensato.

L'equipaggiamento che per me è veramente di default, ovvero le cose indispensabili per ogni occasione, è composto da:

- uno zainetto, che serve in qualsiasi situazione, perché ci puoi mettere dentro le tue cose e partire all'avventura;

- un paio di sneakers;
- un tacco alto (*must have!*);
- la piastra per capelli, che ti salva sempre;
- una lacca, così se sei proprio disperata puoi farti una coda: tira bene indietro i capelli con la lacca e sarai sempre bellissima!

In vacanza, i capelli sono una lotta continua, e anche questa è una cosa da ricordare quando si fa la valigia. Quindi, se li hai abbastanza lunghi da poterli raccogliere è perfetto. Io mi attrezzo sempre di moltissime forcine e preparo una trousse con dentro tutto il nécessaire, per essere pronta a inventarmi qualcosa all'ultimo momento. E poi, ovviamente, ci vorrà qualche prodotto di make up, perché in vacanza non voglio truccarmi tanto quanto mi trucco in città o per lavoro, ma non per questo è detto che avrò voglia di uscire completamente struccata. Probabilmente la sera metterò almeno un po' di mascara e un bel rossetto anche vistoso, perché no, che da solo riesce a farmi sembrare molto più curata. Soprattutto d'estate, con l'abbronzatura, anche se non sono perfettamente truccata non importa, però il rossetto giusto – il mio preferito è il rosso – mi dà quel senso di «ora sono a posto, mi sento bella, sono pronta a conquistare il mondo».

4. Vai sul sicuro

Secondo me, visto che lo spazio in valigia e il tempo da trascorrere fuori casa sono comunque limitati, in vacanza conviene portare solo i propri cavalli di battaglia: quelle cose che usi sempre e sai già che ti stanno bene, con le quali ti senti a tuo agio e sei certa che avrai voglia di indossare. Non mi sembra il caso di sperimentare: tanto, anche se portassi in vacanza un costume che l'anno prima non hai messo perché non ti convinceva, sicuramente non lo indosserai neanche l'anno dopo, quindi perché portarlo per ritrovarselo in valigia pulito e intonso? Molto meglio essere sicura e puntare su qualcosa che indosserai: cose normali, che ti piacciono e che porti con gioia. Mai osare, mai esagerare. Mai dire: «Porto quell'abito che non ho mai messo, perché magari finalmente troverò l'occasione di indossarlo». Sbagliatissimo. Tanto non lo metterai comunque, perché se non l'hai indossato fino a quel momento un motivo ci sarà, e quindi anche in vacanza continuerai a lasciarlo ripiegato in valigia.

Anzi, magari lo proverai anche, così per sfizio, ma prima di uscire lo toglierai, perché quando vedrai la tua figura allo specchio dirai: «Sai che c'è? Non sono convinta per niente». Quindi lo rimetterai direttamente in valigia.

Certo, potrai sempre comprare un vestitino in vacanza, ammesso che ci sia un negozietto carino. Però, di solito, a me piace portare le cose già abbinate, facendo a casa tutte le prove: metto il vestito, provo la borsetta, il sandalo, mi prendo il tempo di vedere l'effetto d'insieme, così quando sarò via avrò già tutto pronto per essere indossato. Perché poi, quando sono al mare e magari arrivo tardi a casa dalla spiaggia, faccio una doccia, i miei figli si devono vestire, allora non trovo neanche la voglia e il tempo di mettermi lì a studiare gli outfit. Ma se questa scelta l'ho già fatta in anticipo, ho già gli abbinamenti tutti pronti in testa e per me questo è un vero toccasana, risparmio moltissimo tempo e impegno. Mi infilo un bel vestito lungo, la ciabattina, il bracciale che ho portato appositamente per quel vestito, la borsetta a tracolla e sono pronta, velocissima. Secondo me questa è una strategia vincente.

La cosa veramente importante è evitare di lasciare le cose al caso: «Ma sì, mi porto cinque o sei abiti, due sandaletti a caso e quella borsettina che mi piace tanto». Certo, potresti fare anche così, però se poi vuoi essere impeccabile mettendo sempre la stessa ciabattina prima bisogna controllare che vada bene con tutti i vestiti che hai intenzione di portare: quindi, a maggior ragione, ogni abbinamento va studiato molto bene, se si vuole evitare di uscire sul lungomare con una scarpa che fa a cazzotti con gli unici vestiti a disposizione. Se vuoi portare una sola borsa, dev'essere di un colore neutro e deve stare bene con tutti gli outfit; se porti un solo paio di orecchini l'ideale è un bel cerchio, un classico intramontabile; se vuoi portare un rossetto, io andrei sul rosso perché è sempre bellissimo, ma è indispensabile almeno un lucidalabbra. Si può essere anche pragmatiche e restare belle, curate, alla moda.

Se invece sei un'ossessiva come me, dammi retta: per sette sere preparati sette cambi con sette scarpe abbinate accuratamente, o al massimo fai girare qualche scarpa. Io ho portato i tacchi anche alle Maldive, pur sapendo benissimo che lì non servono; ma con un tacco dentro la valigia ero più tranquilla. E, chissà, anche alle Maldive potresti incappare in una serata a tema «tacchi», e in questo modo non ti troverai mai impreparata! Un paio di tacchi in valigia li metto sempre, perché non si sa mai cosa ti può capitare. Prevedere l'imprevedibile, no?

5. Controlla la franchigia

Una franchigia bagaglio da ventitré chili è veramente poco: io non ci metto niente a farne ventotto o ventinove, quindi a volte è un grosso problema. In un viaggio di ritorno, non mi ricordo neanche più da dove, al desk c'era una hostess severissima che ha pesato la valigia e ha sentenziato: «Signora, deve togliere qualcosa». Panico! Come fai ad abbandonare gli indumenti che hai scelto di portare con te? Eliminare cinque o sei chili di roba è veramente impegnativo e ovviamente non avevo un'altra valigia, al massimo il borsone dell'imprevisto. Quindi mi sono messa in un angolino dell'aeroporto, ho aperto il bagaglio e ho cercato di capire quale fosse il modo migliore di agire: potevo cacciare qualcosina nel borsone, tralasciando però i liquidi, quindi niente shampoo, balsamo, creme, solari… ma non potevo buttarli via come mi consigliavano di fare. C'era un'unica soluzione praticabile: ho iniziato a legarmi in vita le varie felpe, ho cambiato le scarpe leggere che portavo per il viaggio con un altro paio molto più pesante che avevo in valigia, ho infilato nel borsone ciò che potevo e ho indossato i capi e le giacche più pesanti, mettendomi addosso praticamente di tutto. Stavo morendo di caldo ma ero decisamente orgogliosa di me, quando sono tornata al banco.

E invece… C'erano ancora due chili in più, quindi la stessa hostess, sempre severissima, mi ha fatto riaprire la valigia per togliere ancora altra roba. A quel punto mi sono messa anche i bracciali. Ero sudatissima, vestita a strati, goffissima, ridicola; ci ho messo un quarto d'ora a passare sotto il metal detector, dove mi hanno fatto togliere e rimettere tutto quanto, però avevo vinto la mia battaglia. Alla fine avevo tolto quasi otto chili dalla mia valigia per mettermeli tutti addosso.

Da quel giorno, però, ho inaugurato una nuova strategia: prima di avviarmi al check-in studio tutte le hostess, per capire la loro psicologia. Se noti quella che magari non ha avuto una giornata facile e già da lontano sembra avere un'aria un po' nervosetta, potresti evitare di andare da lei quando hai del peso in eccesso in valigia. È fondamentale mettersi alla ricerca di quella un po' più amichevole. Mentre sei in coda osservale tutte cercando di individuare quella che ti sembra più accondiscendente; piuttosto se non sei convinta fai passare avanti chi c'è dietro di te facendo finta di essere impegnata con qualcosa di urgentissimo: in tutto questo non avrai fatto niente di male, anzi, avrai pure fatto passare avanti in fila qualcuno che nemmeno conosci, che di per sé è sempre un gesto gentile. Per organizzarsi al meglio è importante studiare bene la situazione in modo da non avere sorprese.

E quando finalmente arrivi al desk, sfodera il tuo sorriso migliore: «Buongiorno!» cerca di entrare subito in confidenza. Purtroppo all'estero non funziona più: lì o paghi o trovi quelle che ti dicono proprio di togliere i chili in eccesso; ma in ogni caso, ovunque io sia, sulla mia valigia normalmente il tag «Bagaglio pesante - *Heavy luggage*» non manca mai.

L'ultima volta ho rischiato di farmi uscire un'ernia per pesare a casa quella valigia da sessantasei chili, perché devi stare in piedi, prendere la maniglia e poi tenere tutto in equilibrio finché la bilancina casalinga non ti dà il peso finale. In effetti mi ero resa conto di avere un po' di chili in eccesso, però mi sono detta: Ma sì dai, mica mi fermeranno, non succederà niente, gli farò un gran sorrisone e andrà tutto per il meglio.

E invece è andata come è andata, perché non avevo ancora messo a punto la mia strategia.

6. Quando la soluzione non esiste, inventala

La prima volta che io e Marco abbiamo viaggiato insieme siamo andati a Londra. Ci conoscevamo da tempo ma era una delle nostre prime esperienze insieme, quindi lui mi ha detto: «Non imbarchiamo il bagaglio, dai, tanto è solo un weekend».

E io, ostentando una tranquillità infinita: «Ma no, figurati! Va benissimo il bagaglio a mano! Non c'è nessun problema!» perché nei primi tempi ci tieni a non fare brutte figure, no?

Così mi sono ritrovata con questo microtrolley che mi guardava, io lo guardavo a mia volta e mi dicevo sconsolata: È oggettivamente impossibile che lì ci stiano tutte le cose di cui ho bisogno per un weekend! Però a un certo punto non resta che cominciare a ripetersi: Okay, calma, ce la posso fare.

Se dovesse capitarti, le confezioni da viaggio dei prodotti potrebbero essere la tua salvezza, ma quando prepari i vestiti è naturale pensare che se vai via per un weekend la sera uscirai a cena, quindi vorrai portarti una scarpa col tacco e un bel vestito. Così come dovrai scegliere un giubbotto, ma è ovvio che vorrai portarti anche un cappotto elegante, una cosa davvero bella: quindi provi a piegare tutto quello che hai scelto per fare delle prove, ma già sai che non ci starà tutto.

Eppure, non so come, sono diventata una sorta di esperta: posso garantire che in quei trolley da cinquantacinque centimetri sono riuscita a far entrare qualsiasi cosa, cappotti, due paia di scarpe col tacco, beauty case con tutti i trucchi, borse e borsette… A costo di sedertici sopra e schiacciare tutto con il tuo peso. O così, o la vacanza sarebbe andata a rotoli prima di partire.

Nonostante sia una maestra della valigia, resto comunque convinta che dovrebbero cambiare le misure del bagaglio a mano!

7. Ascolta le amiche (ma non troppo)

È anche vero che ci sono dei viaggi in cui puoi cercare di fare del tuo meglio per prevedere qualsiasi imprevisto, ma da casa puoi anche immaginare un contesto di un certo tipo e poi trovarti invece in una situazione che si rivela completamente diversa. Io non ero mai stata a Mykonos e una mia cara amica mi aveva detto: «Vedrai, è un posto magico, portati gli abiti più eleganti che hai, quelli con gli strass, i tacchi, mi raccomando i sandali alla moda, perché ci sono un sacco di locali bellissimi, guarda, uscirete tutte le sere e andrai nei posti più fighi del mondo».

Io mi sono fidata ciecamente di lei, così ho fatto quella famosa valigia da sessantasei chili con dentro tutti i miei vestiti preferiti, duemila paia di tacchi, le scarpe da strafiga, sandali, bracciali, orecchini, collane e borsette. Peccato che il novanta per cento delle strade di Mykonos sia fatto di ciottoli e l'abbigliamento del luogo sia simile a quello di Formentera: è un'isola un po' *hippie-chic*, quindi tutti quegli abiti super eleganti che mi ero portata e le decine di scarpe che avevano contribuito a raggiungere i sessantasei chili alla fine si rivelarono decisamente inutili.

La prima sera mi sono preparata indossando un vestito elegantissimo e un paio di tacchi a spillo, ma appena siamo usciti dall'hotel per arrivare alla piazzetta del paese ho guardato Marco smarrita e gli ho chiesto: «Che cosa sta succedendo? Dove sono? Dove mi hai portata?» Ho dovuto togliermi le scarpe e comprare all'istante un paio di infradito, perché con i tacchi non riuscivo proprio a camminare.

Per dieci giorni di vacanza ho alternato le sneakers che avevo messo per il viaggio alle infradito. Avevo preparato una valigia totalmente sbagliata, portando abiti fuori luogo che non ho potuto usare. Per fortuna avevo con me un paio di pantaloncini di jeans, lì mi sono comprata delle t-shirt e le ho indossate per tutto il tempo.

Come se non bastasse, sono tornata a Milano con la valigia rotta: un disastro, una *débâcle* su tutti i fronti. A Mykonos abbiamo beccato anche un vento fortissimo, in quei giorni non attraccavano nemmeno le navi. Tuttavia, la verità è che è stata una vacanza bellissima e noi due siamo stati da dio.

Ora, comunque, Marco è rassegnato ma io sto imparando a essere un pochino più pratica ed essenziale con i bagagli, a prenderla con più tranquillità; inizio a dirmi che se per sei giorni non porto sei felpe diverse, ma ne scelgo tre e ognuna la metto due volte, forse non accadrà niente. Quell'episodio dei sessantasei chili mi ha fatto riflettere, anche se non posso dire che mi abbia totalmente cambiata. Non ancora.

Riconosci le tue piccole manie e impara a conviverci.

RICORDATI DI...

«Povero me! Povero me!
Arriverò in ritardo!»
— Lewis Carroll

√ Controllare che la terra delle piante sia umida.

√ Controllare di aver messo la sveglia.

√ Controllare di aver inserito l'allarme di casa.

√ Controllare le previsioni del tempo di domani.

√ Già che ci sei, controllare il meteo di domani a New York.

√ Controllare che le foto sull'iPhone ci siano tutte.

√ In base al meteo, chiederti se le cose che hai pensato di indossare saranno adeguate.

√ Mentre sei sul punto di addormentarti, pensare che forse devi fare un po' di pipì, quindi alzarti e andare in bagno.

√ Dato che sei in piedi, controllare di aver chiuso a chiave la porta.

√ Ricontrollare di aver messo la sveglia.

√ Ricontrollare anche il meteo: non è possibile che faccia veramente così freddo.

√ Uscire e maledirti per non aver preso i guanti, avrai freddo alle mani.

√ Pensare che domani ti vestirai più pesante, così non sentirai freddo.

√ Ricontrollare il meteo.

√ Consolarti, perché a New York fa più freddo che a Milano.

√ Comprare qualsiasi tipo di penna o matita, perché prima o poi ti servirà.

√ Comprare anche dei quaderni carini, pur sapendo che la scuola l'hai finita da un pezzo.

√ Controllare la carica del cellulare.

√ Comprare le gomme per cancellare, in fondo hai già comprato le matite.

√ Meditare di comprare un paio di guanti.

√ Controllare il meteo alle Maldive.

√ Mettere nel cassetto penne, matite e quaderni insieme a quelli ancora impacchettati.

√ Aprire l'altro cassetto per accertarsi che i passaporti siano al loro posto.

√ Verificare che tutte le foto siano ancora nella cartella «Foto» dell'iPhone.

√ Ricontrollare la carica del cellulare.

√ Cercare dappertutto il caricabatterie portatile che hai comprato l'altro giorno.

√ Dare un'occhiata al meteo a Londra (lo so, dovrei smetterla).

√ Controllare che i ragazzi abbiano fatto i compiti.

√ Settembre: comprare i regali di Natale.

√ Ottobre: fissare le vacanze di agosto.

√ Indossare un paio di scarpe sapendo già che ti faranno male i piedi.

√ Arrivare a una festa e scoprire che l'altro abito che avevi pensato di mettere sarebbe stato perfetto.

√ Passare tutta la serata pensando all'abito che avresti potuto mettere.

√ Passare tutta la serata seduta, pensando che avresti dovuto indossare un altro paio di scarpe.

√ Controllare la carica del cellulare.

√ Aprire di nuovo la cartella «Foto» per essere sicura che ci siano ancora tutte.

√ Già che ci sei, vedere che tempo fa a Parigi (okay, la smetto).

√ Cercare in borsa il caricabatterie portatile e sentirti più tranquilla perché lo trovi.

√ Controllare il livello di benzina della macchina.

√ Dare ancora un'occhiata alle foto sul telefono e, visto che ci sei, anche ai video, per assicurarti che ci siano ancora tutti.

√ Controllare le previsioni del tempo di domani.

√ Cominciare a fare la lista dei regali di Natale da comprare.

√ Dare un'ultima occhiata alla scaletta del mio programma per il giorno dopo.

√ Accertarsi che il tablet sia carico per guardare i giornali la mattina dopo.

√ Guardare l'ora e pensare che devi andare a dormire.

√ Ricontrollare che i ragazzi abbiano fatto tutti i compiti.

√ Fare il calcolo di quante ore dormirai.

√ Cominciare a farti venire l'ansia, perché è tardi e sai che dormirai poco.

√ Meditare di comprare un hard disk per archiviare tutte le foto.

√ Pensare che domani avrai una giornata pesante e farti salire l'ansia, perché sai che dormirai poco.

√ Dare un'occhiatina alla carica del cellulare.

√ Alzarsi e andare in camera dei miei figli per vedere se dormono.

√ Cambiare la suoneria della sveglia, perché sarai stanca e quindi potresti non sentirla.

√ Controllare il meteo a Hong Kong (la smetto, giuro!).

10

Circondati
di ciò che ami.

NATALE

«Non voglio qualcosa che mi serve,
voglio qualcosa che voglio!»
— Love Actually

Natale è Natale. In casa mia è il momento più importante dell'anno, è un periodo in cui c'è un'atmosfera magica e incredibile, e io sono fermamente convinta che sia un momento che vada valorizzato ed esaltato, soprattutto quando si hanno dei bambini.

I miei figli aspettano questa festa tutto l'anno, a volte a gennaio mi dicono che non vedono l'ora che torni Natale. Intorno a settembre comincio già a fare mente locale su come potrei trasformare la casa; ai primi di ottobre inizio a liberare gli spazi per tutte le decorazioni, verso metà mese porto in casa un po' alla volta gli scatoloni e, appena ho tempo, mi dedico a togliere le cose dagli imballaggi. È un'operazione molto lunga e complicata, perché devo ammettere che negli anni non mi sono affatto risparmiata.

Con il passare del tempo ho accumulato una quantità tale di decorazioni natalizie da essere costretta ad affittare un magazzino per riporle una volta passato dicembre. Almeno sulle lucine (non tutte) riesco a cavarmela, perché ho deciso che quelle che metto fuori, sui terrazzi di casa, le tengo tutto l'anno; ogni tanto le accendo, perché a me continuano a piacere anche in estate, anzi, le trovo bellissime sempre.

Tra l'altro, la sistemazione delle lucine sui terrazzi è stata un lavoro certosino che ho fatto da sola, con la supervisione di mia figlia che se ne stava lì seduta su una seggiolina in una domenica sera gelata. (Perché le lucine si mettono rigorosamente quando cala il buio, altrimenti non puoi capirne bene l'effetto!)

Con i guanti alle mani e i doposci ai piedi, nemmeno andasse a sciare, se n'è stata tutto il tempo lì, su quella seggiolina mentre io srotolavo le luci sul parapetto del terrazzo. Solo che puntualmente prendevo un filo, iniziavo a sistemarlo per bene, poi arrivavo alla fine e ogni volta non bastava, perché il parapetto era troppo lungo, quindi lo toglievo e ricominciavo da capo. Ho ripetuto la stessa operazione almeno cinque volte mentre lei con i suoi guanti e il berretto mi guardava con interesse e non esitava a incitarmi come se stessi gareggiando per qualcosa. Ogni tanto si affacciava anche Mattia, incuriosito pure lui da un'operazione tanto laboriosa sulla quale non mancava di dispensare qualche consiglio prima di sparire nuovamente. Non è stato facile, ma alla fine in una sera sono riuscita ad addobbare i terrazzi di tutta la casa, e da quel giorno ho deciso di lasciare le lucine dove sono.

Mi piace girare per casa al buio, quando le uniche luci sono quelle dell'albero e quelle intorno ai parapetti dei terrazzi che filtrano dalle tende. Addobbo le stanze con le lucine rimaste, inserendole dentro vasi trasparenti, gli stessi che di solito uso per i fiori. Li metto vicino a una presa e dentro arrotolo i fili luminosi, tutti un po' alla rinfusa, creando dei punti luce bellissimi che, soprattutto la sera, danno vita a un'atmosfera magica.

Dovrebbe essere Natale tutto l'anno, o almeno dovrebbe rimanere un po' di quell'aria festiva che fa sembrare tutto più bello, più puro; è per questo che inizio a decorare la casa già da ottobre. Voglio godere di questa magia il più a lungo possibile. Certo, per me è faticoso, perché nel corso degli anni a casa nostra gli alberi di Natale sono diventati tre. Uno è quello storico che abbiamo da sempre: i miei figli lo vogliono, non c'è modo di eliminarlo. A me, in effetti, non dispiaceva l'idea di seguire la tradizione cambiando però ogni anno qualcosina, quindi l'unica soluzione è stata tenere quello aggiungendo a mano a mano gli altri due. Ogni albero, ovviamente, ha le proprie decorazioni.

Gli alberi di Natale mi piacciono molto pieni, così cerco di aggiungere sempre degli elementi nuovi rispetto agli anni precedenti. Magari vado in giro per negozi a cercare una pallina particolare, oppure mi invento qualcosa di più creativo, su cui devo lavorare di volta in volta.

Un anno ho comprato quei nastri che si usano per impacchettare i regali: non quelli classici ma un po' più alti, con dei disegni sopra. Ne ho trovato uno verde e oro con un motivo di alberelli di Natale da cui ho tagliato dei lunghi pezzi con i quali ho fatto dei fiocchi da legare ai rami. L'albero era pieno di fiocchi e l'effetto è stato incredibile, con una spesa minima.

Anche i regali secondo me meritano un'attenzione speciale. Ogni anno cerco una carta diversa e un nastro nuovo, che utilizzo per tutti i doni. L'anno scorso ho fatto i pacchetti bianchi: avevo trovato una bellissima carta lucida e un nastro verde molto grande con delle piccole renne sopra, in più ho comprato un nastro rosso tipo tulle, così ho fatto un altro fiocco più piccolo dentro al primo. Sono venuti benissimo e sotto l'albero facevano un figurone. Per rifinire i pacchetti compro sempre anche dei piccoli ciondoli da attaccare ai fiocchi, si trovano anche nei negozietti che vendono tutto a un euro o al supermercato, in sacchetti che contengono varie forme: angioletti, alberelli di legno, campanelline… Costano poco, sono carini e quando li usi per decorare è come se offrissi alle persone più care un altro regalino che accompagna ciò che hai scelto per loro. Come biglietti di auguri io uso quelli piccoli, i famosi chiudipacco che si aprono in due; solitamente li fisso al pacchetto con delle mollettine a tema natalizio: anche quelle si trovano nei supermercati e rifiniscono il regalo fin nei minimi dettagli. Vedere sotto l'albero tutti i pacchetti simili è un bel colpo d'occhio, a me piace tantissimo.

Nei pomeriggi, specialmente se piove, io, Sofia e Mattia guardiamo i film di Natale, ormai è una tradizione: divano, coperta, camino acceso, uno vicino all'altro tutti abbracciati. Va benissimo anche lo stesso film tutti gli anni, perché i miei figli amano la tradizione, come me.

Un altro appuntamento imprescindibile per noi è la tombola; una volta per coprire i numeri usavamo le lenticchie, ma siccome la metà delle volte qualcuno urtava la cartellina e dovevamo fermarci mezz'ora per recuperarle tutte e rimetterle al posto giusto, a un certo punto abbiamo optato per quelle con la finestrella, che sono molto più pratiche.

Ai tre alberi di Natale poi si aggiunge tutto il resto, per esempio un Babbo Natale a misura d'uomo che di solito posiziono sul divano, seduto; per colpa sua, all'inizio prendevamo dei grandi spaventi, perché quando entravamo in casa avevamo sempre la sensazione che ci fosse qualcuno in salotto, ma col tempo fortunatamente ci siamo abituati. E naturalmente c'è il villaggio di Babbo Natale, che è nato con solo due o tre elementi, e ogni anno si è arricchito di un paio di decorazioni. Adesso, dopo dieci anni, è talmente grande che occupa gran parte del salotto. Per farlo ci metto quasi due giorni, però mi dà molta soddisfazione, perché fa una scena grandiosa, una volta finito. Gli addobbi natalizi vengono disseminati per tutta la casa, sono stupendi; ma la vera complicazione si presenta al momento di riporli, quando devo ritrovarli tutti.

Anche la tavola per il pranzo di Natale è decisamente impegnativa: la base in realtà sarebbe semplice, tutto rosso, con sottopiatti rossi, ma ogni anno la vario un po', aggiungendo qualcosina; ultimamente, per esempio, ho trovato, in uno di quei negozi specializzati nel Natale, un Babbo Natale gigantesco illuminato che utilizzo come centrotavola, è bellissimo.

Ogni anno Sofia si diverte a filmare un *time lapse* della creazione dell'albero. Piazza il telefono in un punto dove rimane più o meno sei ore, che poi si ridurranno a venti secondi, e registra mentre tiriamo su l'albero, lo addobbiamo e facciamo tutte le rifiniture fino a quando non ci sembra perfetto. Io e lei solitamente ne usciamo stremate, mentre Mattia inizia a decorare con noi, poi si mette qualche minuto a guardarci e a un certo punto inevitabilmente se ne va a giocare ai videogiochi. Ogni tanto torna e commenta: «Bello, sì, mi piace». Magari rimane un po' lì, mi passa qualche pallina, ma alla fine torna in camera sua perché dice che sono «cose da femmine». A volte si presenta anche solo per darmi un bacino e sussurrarmi all'orecchio: «Grazie mamma, per tutto quello che fai per noi», poi scappa di nuovo.

Mia figlia si occupa anche di fare i menù: li scrive al computer, li stampa, li arrotola, li lega e li mette come segnaposto, anche se in effetti la cena è la stessa da anni. Di solito faccio la spesa online un mese prima, per essere sicura di guadagnarmi la consegna a domicilio perché altrimenti sotto Natale non spedisce niente nessuno. A novembre inizio a fare anche altre liste per le varie cene (perché magari ne avrò più di una) oltre al pranzo di Natale, con i relativi menù. Da lì, lo step successivo è fare l'elenco della spesa. Il terzo step è andare su internet e mettere tutto nel carrello, così quando poi arriva il momento giusto basta fare clic e quello che hai scelto arriva direttamente a casa.

Il menù è sempre uguale, perché nonostante gli anni passino io rimango restia al cambiamento e voglio onorare la tradizione. Nei giorni a seguire mangiamo gli avanzi, perché ci rimane moltissimo cibo. I miei figli un po' si stufano, però alla fine mangiano lo stesso, perché sarebbe un peccato sprecare così tanta roba.

Le canzoni di Natale per me sono fondamentali. Non soltanto durante la cena e l'apertura dei regali, ma soprattutto quando si decorano la casa e gli alberi; che sia fine settembre, ottobre o i primi di novembre, quello che conta è avere la musica capace di creare l'atmosfera giusta. È assolutamente imprescindibile e se ne occupano sempre Sofia e Mattia.

Anche la playlist, come il menù, è sempre la stessa, tanto si può ascoltare a ripetizione anche per ore intere. Per evitare di arrivare a odiarla basta qualche piccolo accorgimento: puoi partire anche con il volume al massimo, quando sei ancora carica, ma poi consiglio vivamente di abbassarlo fino a farlo diventare un semplice accompagnamento di fondo.

Ecco i brani che non possono mancare:

- *Happy Xmas (War Is Over)* (Secondo me la più bella.)

- *Silent Night*

- *Santa Claus Is Coming to Town*

- *Let It Snow*

- *All I Want for Christmas Is You*
- *Hallelujah*
- *Jingle Bells*

Per me il massimo della trasgressione è *Last Christmas* degli Wham!, oltre quello non posso andare.

Le persone che non mi conoscono bene si stupiscono quando, a metà ottobre, mi vedono armeggiare con questo tipo di playlist e i miei scatoloni di decorazioni. Solo una mia amica è capace di battermi: quando mi chiama e mi dice di aver già fatto tutto ammetto che mi fa salire un po' d'ansia.

Chi invece mi conosce, però, sa che sotto Natale, quando il mondo impazzisce alla ricerca di regali, io sono a casa, tranquilla, con il mio bel villaggio di Natale, le mie lucine accese e un'atmosfera meravigliosa.

Nel momento in cui sto scrivendo queste pagine non so dove saremo e che cosa staremo vivendo; non so se saremo in fila in attesa di entrare nel negozio dove avevamo visto quel dono, nella speranza che ci sia ancora, o se invece saremo davanti ai nostri computer intasando i siti di vendita online per acquistare gli ultimi regali. Dopo quello che abbiamo vissuto certo ci auguriamo il più bel Natale della nostra vita, perché ce lo meritiamo.

Sicuramente questo Natale avrà un sapore diverso, di rinascita e di speranza per un nuovo inizio. Un Natale pieno di significato, in cui il vero dono secondo me sarà unicamente avere accanto le persone che amiamo.

11

Nelle difficoltà,
tira fuori il meglio
di te.

MAI PIÙ COME PRIMA

«Poi, quando la tempesta sarà finita, probabilmente non saprai neanche tu come hai fatto ad attraversarla e uscirne vivo. Anzi, non sarai neanche sicuro se sia finita per davvero. Ma su un punto non c'è dubbio. Ed è che tu, uscito da quel vento, non sarai lo stesso che vi era entrato. Sì, questo è il significato di quella tempesta di sabbia.»
— Haruki Murakami

Non potevo credere ai miei occhi.

Dal terrazzo di casa mia all'ottavo piano fissavo la strada senza riuscire a staccarmi da quella visione: una strada che, in condizioni normali, era sempre molto trafficata, ora era invece deserta.

D E S E R T A.

Saracinesche abbassate, non un'anima sui marciapiedi, nemmeno una macchina in strada. Un paesaggio surreale, mai visto in tutta la mia vita.

Alzavo gli occhi e l'altra immagine che mi colpiva era quella del «Pirellone», il grattacielo sede della Regione Lombardia e simbolo di Milano, sul quale, di sera, con un gioco di finestre illuminate, campeggiava la scritta STATE A CASA. Quella scritta è rimasta accesa per settimane e ha accompagnato tutto il mio lockdown. Era diventata ormai un'assurda abitudine per me e i miei figli affacciarci ogni sera dal terrazzo e restare lì, come ipnotizzati, ad ascoltare quel silenzio assordante, inimmaginabile. Ecco. Forse la parola giusta è proprio «inimmaginabile», perché sono convinta che una cosa come quella che abbiamo vissuto, nessuno di noi l'avrebbe mai potuta immaginare, nemmeno nel peggiore degli incubi. E invece eravamo nel bel mezzo di una pandemia.

Ricordo nitidamente la mattina in cui si seppe del primo contagiato a Codogno, il cosiddetto Paziente Uno.

Ero in diretta come sempre a *Mattino 5* e dalle agenzie venne battuta la notizia. Ebbi la chiara percezione che nulla sarebbe più stato come prima. In seguito, sui miei profili social ho ricevuto molti messaggi di telespettatori che mi hanno scritto per dirmi che nel mio modo di comunicare la notizia avevano letto tutta la mia ansia. Sì. È vero, ero già molto in ansia e spaventata, avevo percepito da subito che anche noi avremmo potuto ritrovarci in una situazione simile a quella di Wuhan, e a fine gennaio avevo già provveduto ad acquistare mascherine, guanti e gel disinfettante.

Ormai avete iniziato a conoscermi grazie alle pagine di questo libro e avete capito che tendo sempre a organizzarmi per tempo. Da quel momento in poi, la storia purtroppo la conosciamo tutti: una storia fatta di paura, di ignoto, di dolore, di lacrime.

Quel silenzio.

Quel silenzio interrotto soltanto dalle sirene delle ambulanze a ogni ora del giorno e della notte, tante, troppe. Difficile dormire, impossibile accettare tutto questo. Ricordo che di notte mi svegliavo e speravo di aver sognato tutto, mi dicevo che non era possibile, che sicuramente mi stavo sbagliando; eppure era tutto drammaticamente vero e spesso non riuscivo più a prendere sonno.

Quel «come stai?» detto al telefono, domanda alla quale in condizioni normali quasi non aspetti la risposta, assumeva un significato del tutto diverso.

Cercavo le parole giuste per spiegare ai miei figli che cosa fosse una pandemia, per raccontare ciò che domani farà parte della storia e faticavo, perché era già difficile spiegarlo a me stessa. Vivo in una delle zone più colpite, Milano, in una regione martoriata dal virus quanto e più di altre, la Lombardia, e vi assicuro che quello che abbiamo vissuto qui, finché non si prova sulla propria pelle, non può essere compreso davvero fino in fondo.

Poi sono arrivate quelle immagini. I camion militari che da Bergamo portavano via le salme. Uno strazio indescrivibile. E poi il Papa, solo, a San Pietro, sotto la pioggia. Le immagini dei medici, dei sanitari, devastati dalla fatica. Le lacrime per la mia cara amica il cui papà non ce l'ha fatta, e non riuscivo ad ascoltare il suo dolore nel racconto di come se n'era andato, solo, senza poter ricevere nemmeno un ultimo bacio. La conta dei morti, il pensiero del dolore di quelle famiglie.

Era tutto insostenibile. Avevamo la sensazione che fosse qualcosa di più grande di noi, e probabilmente lo era.

Con quella presa di coscienza era arrivata anche la paura.

Così la mia casa è diventata il mio porto sicuro, il posto dove stare, e l'istinto di protezione nei confronti dei miei figli è stato fortissimo.

Ricordo ancora la sera in cui, in uno scampolo di normalità, eravamo abbracciati sul lettone mentre ridendo guardavamo la replica di un programma tv che ai miei figli piace molto. Era già tardi e a riportarci bruscamente alla realtà fu un'edizione straordinaria del telegiornale che annunciava una nuova conferenza stampa del presidente del Consiglio Conte. Eravamo nel pieno del lockdown, le notizie si susseguivano una dopo l'altra, arrivavano chiusure e divieti, ogni conferenza stampa era fonte di ansia per tutti gli italiani. Fu un brusco risveglio.

Un giorno, due, dieci, venti, un mese, questo incubo sembrava non finire più e il tempo ha iniziato a non passare mai.

Ho sempre pensato che è nelle difficoltà che tiriamo fuori il meglio di noi. Non credo di aver mai avuto così tanto tempo da dedicare ai miei pensieri, per fare ordine in tante cose, per decidere cosa buttare e cosa tenere.

Per pensare alla mia vita e alle sue cose belle, alle opportunità che non potevo nemmeno immaginare, a quel «ce la faremo» che non avrei mai pensato di sentir dire tutti insieme.

Per pensare all'amore vero, all'amicizia sincera, a quanto coraggio ho saputo tirar fuori, alla voglia di fare cose nuove, al desiderio di non arrendermi mai davanti alle difficoltà, come mi ha insegnato mio padre, ma soprattutto alla consapevolezza che quello che abbiamo vissuto ci ha cambiato per sempre e che nulla, N U L L A, sarà mai più come prima.

12

Quando ne hai bisogno, trova rifugio nei tuoi momenti più belli.

MOMENTI DI NON TRASCURABILE FELICITÀ

«Carpe diem.»
— ORAZIO

1. Il pane strusciato col pomodoro

Se chiudo gli occhi, riesco a vedere la casa di mia nonna Chiarina a Cecina, durante quelle estati calde e interminabili di quand'ero bambina e ogni anno passavo tre o quattro mesi da lei, dai primi di giugno fino a settembre.

In Toscana c'è un pane casalingo senza sale che viene definito «sciocco»: dei grandi pani rotondi cotti nel forno a legna dai quali mia nonna al pomeriggio mi tagliava delle fette lunghissime con il suo «coltellone», come lo chiamava lei, quello seghettato per il pane.

Prendeva un pomodoro, che magari la mattina stessa le avevano dato i contadini appena rientrati dai campi, lo tagliava in due e lo strusciava sul pane.

Girava la fetta di pane – e ogni tanto nel farlo si rompeva un po' di mollica, perché era impregnata di pomodoro – così poteva strusciare anche l'altra parte.

Poi prendeva l'olio, quello di frantoio, di prima spremitura, che pizzicava sulla lingua da quanto era verde e saporito, e ne versava sopra un po'; girava di nuovo e lo versava anche di là, spalmandolo bene con il dito; infine metteva il sale, prendeva un piatto e mi dava queste fette di pane infinite con il pomodoro strusciato.

Io quel sapore lì, buonissimo, sanissimo, squisito, non l'ho mai più sentito.

2. Il profumo della torta

Solitamente cucino molte torte, mi piace sperimentare e dicono che io sia anche brava, che mi vengano bene.

C'è una torta in particolare che cucino spesso: il ciambellone, quello alto con sopra lo zucchero a velo.

Quando preparo l'impasto, i miei figli puliscono tutta la ciotola con le dita e fanno a gara a chi ne lecca di più.

Poi inforno la torta e lascio la porta della cucina aperta: basta un quarto d'ora perché il profumo si diffonda in tutta la casa e, visto che è persistente, ci rimanga per ore.

Il tempo della cottura sembra non passare mai, è un continuo sentirmi chiedere: «È pronta? È pronta?»

Il profumo della torta secondo me è una delle cose che di più rende l'idea di casa perché regala calore, serenità, pace, amore, affetto.

È il profumo della mia casa.

3. I luoghi dell'infanzia

Ritornare nella casa di Milano dove sono andata a vivere quando avevo tre mesi e sono arrivata dalla Toscana, rivedere quel muro dove il pomeriggio lanciavo la palla che rimbalzava indietro, la riprendevo e la rilanciavo.

Ritrovare quel marciapiede, con la parte più liscia che era ideale per disegnare col gesso la griglia dove saltare dentro dopo aver buttato il sasso; i giardinetti dietro casa, quella panchina dove da adolescente mi sedevo con il mio primo fidanzatino; quel buco sul marciapiede che è ancora là e che dovevo evitare quando facevo avanti e indietro sui pattini a rotelle. Quando sei lì, in quel punto preciso, se chiudi gli occhi riesci quasi a rivivere quel momento, ad assaporare di nuovo quel panino alla Nutella: tutte le volte, quando lo aprivo, leccavo la Nutella e lasciavo il pane…

4. Togliersi le scarpe

Certe sere esci a cena e decidi di indossare quel paio di scarpe con il tacco alto che ti piacciono da matti, anche se sai già che non sono adatte per camminare. Ma tu le metti lo stesso, perché immagini che il tuo fidanzato parcheggerà vicino al ristorante e quindi pensi: Ma sì, dovrò solo attraversare la strada, ceneremo e starò seduta tutto il tempo, poi mi rialzerò, riattraverserò la strada, salirò in macchina e arriverò a casa. Che ci vuole?

Ovviamente non trovi parcheggio vicino al ristorante ma più distante, e quindi devi camminare un sacco, prima all'andata e poi al ritorno. Poi il tavolo non è pronto, quindi devi aspettare. In piedi. E poi magari decidi pure di passare il dopocena da qualche parte.

Quando arrivi finalmente a casa hai un male ai piedi da non poterlo raccontare, ti viene quasi la nausea.

Quando sali in ascensore e schiacci il pulsante del tuo piano, inizi a pregustare l'attimo in cui aprirai la porta e ti toglierai le scarpe, perché in quel momento non riesci a pensare a nient'altro.

Ancora non lo fai, perché non sei in casa e non ti piace tanto stare a piedi nudi fuori, però sei concentrata su quello, e sai che il momento arriverà tra pochi attimi. Mancano solo alcuni passi, gli ultimi…

Prendi in mano la borsa, cerchi le chiavi, fai scattare la serratura ed entri in casa. Ci siamo quasi. Devi aspettare solo un istante ancora. Chiudi la porta dietro di te, e quando riprendi le chiavi finalmente quello è il momento.

Puoi togliere le scarpe.

Appoggi i piedi nudi sul pavimento e inizi a muovere i primi passi scalza, con le scarpe in mano. Ci vuole un po' per riappropriarti di tutte le ossa, della pianta dei piedi che tocca il pavimento: cammini qua e là per casa, cercando di rimanere sul tappeto il più possibile, pensando tra te e te:

Forse ho fatto bene a metterle, quelle scarpe maledette, per poter provare questo godimento alla fine della serata.

Il senso di liberazione, di goduria e di pace dei sensi che provi mentre muovi quei primi passi senza scarpe è paragonabile solo al momento esatto in cui, dopo aver tenuto per un tempo infinito la pipì che ti scappava fortissimo, riesci a farla.

5. Il sabato

Che meraviglia il sabato, è il mio giorno preferito.

Il sabato mattina puoi indugiare nel letto e, se i bambini non vanno a scuola, puoi goderti il tuo risveglio, poi il loro, la colazione senza fretta, i ritmi sereni, il pigiama fino all'ora di pranzo, le pantofole ai piedi.

Aleggia un senso di lentezza e di tranquillità, quella voglia di non fare niente che per un giorno puoi permetterti di avere, e che poi non avrà spazio per tutto il resto della settimana.

È sabato, hai davanti tutto il pomeriggio e sai che anche il giorno dopo non dovrai fare nulla. Ma la domenica è già diversa, dovrai iniziare a pensare alla routine del lunedì; invece il sabato è il vero *day off*.

Il sabato è proprio la mia giornata, quella fatta per godere dei figli e delle cose che hai, quella che ti dà il tempo e la libertà di fare ciò che realmente desideri.

6. Il suono delle campane

A Cecina, di fronte a dove abitava mia nonna Chiarina, c'era una chiesa con un campanile che a ogni ora suonava le campane: io ero affascinata da queste campane gigantesche, che ormai sono praticamente scomparse e resistono solo nei campanili dei piccoli paesi.

Quando mi dava da mangiare, mia nonna mi portava alla finestra, me lo ricordo come se fosse ieri anche se dovevo essere molto piccola, perché ancora mi imboccava.

Ogni giorno mi portava a quella finestra da dove si vedeva il campanile: probabilmente era sempre verso mezzogiorno, quindi suonavano dodici rintocchi. E mentre io ero assorta a guardare le campane che si muovevano avanti e indietro, enormi e rumorosissime, lei ne approfittava per farmi mangiare un po' di più.

Ancora oggi mi basta sentire il suono delle campane per rituffarmi con la memoria in quella stanza, vicino a quella finestra.

7. La colazione in giardino

D'estate, quando apparecchi per la colazione in giardino o in terrazzo, magari c'è una leggerissima brezza. Puoi prenderti il tempo di fare una colazione lunga, lenta, di leggere il giornale, di fare una chiacchiera in più, mentre ti godi quella luce dolce del mattino con il sole ancora non troppo caldo, con quel venticello tra gli alberi, i raggi che filtrano tra le foglie, gli uccellini, le campane che suonano e senti che c'è tutto un mondo che si muove intorno a te, ma tu non vorresti stare in nessun altro posto se non quello dove sei.

8. Quel bacio

Ci sono tanti tipi di baci: i baci affettuosi, i baci frettolosi, i baci tanto per baciare e poi ci sono quelli: i baci che ogni donna dovrebbe ricevere almeno una volta nella vita.

Possono arrivare quando sei stanca, dopo una giornata no, quando niente va per il verso giusto e ti senti sbagliata: in quel preciso momento serve *quel* bacio, che spesso giunge a sorpresa, perché lui sa.

Ti stringe, ti capisce, con quel bacio ti sta dicendo tutto quello che volevi sentirti dire, quello di cui avevi bisogno.

Finalmente ti lasci andare e, in *quel* momento, per te non esiste nient'altro.

9. La passeggiata sulla spiaggia al tramonto

Sono nata in un posto di mare, quindi per me tornarci è sempre bellissimo, anche d'inverno.

Durante l'estate l'ora più bella in assoluto è quella del tramonto, quando puoi rimanere in spiaggia fino alle otto o alle nove di sera perché non hai orari e puoi indugiare sulla sabbia ancora tiepida. E poi, quando il sole va giù, inizia a diventare più fredda, e tu godi di quella frescura dopo tutto il caldo della giornata.

Sei sulla battigia, il sole non scotta più ma è ancora caldo, l'acqua del mare è più fresca, c'è l'onda lunga e questa luce incredibile che ti avvolge.

La chiamano *golden hour*, l'ora dorata, perché riempie tutto di colori particolari, ed è un momento in cui c'è pace: la gente di solito rientra a casa a quell'ora, non capendo che è proprio quello il momento più incredibile per stare in spiaggia, ed è l'ora della giornata che mi rilassa di più in assoluto.

Quando le giornate sono così lunghe, e torni a casa al calare della sera, senti di aver goduto completamente della giornata di sole e di mare; è un giorno in meno per la tua vacanza, è un giorno in meno della tua vita, ma hai la sensazione di averla sfruttata finché potevi, fino all'ultimo raggio, fino a che anche quell'ultima fettina di sole non se n'è andata.

10. I pinoli

Avete presente il frinire delle cicale? Ecco. Le mie estati da bambina avevano quella colonna sonora: a Cecina, in pineta.

Verso l'ora di pranzo, dopo la mattinata passata al mare, lasciavamo la spiaggia e ci rifugiavamo in pineta alla ricerca di un po' di frescura. Non dovevamo camminare troppo per arrivare ai grandi tavoli con panche di legno e se eravamo fortunati li trovavamo anche liberi.

Allora apparecchiavamo e tiravamo fuori dalle borse frigo ogni sorta di cibo; anche i piatti più semplici in quella circostanza diventavano buonissimi!

Dopo pranzo i «grandi» si attardavano a chiacchierare e noi bambini ci avventuravamo in queste pinete immense e bellissime. Con i secchielli che si usano in spiaggia per giocare, raccoglievamo i pinoli, tanti, tantissimi, riempivamo i secchielli fino a che erano colmi. Spesso, tra gli aghi di pino, trovavamo anche gli involucri delle cicale che a me in particolare facevano una certa impressione.

Mia nonna Chiarina, la mamma del mio babbo, aveva un piccolo terrazzo quadrato e la sera insieme a mia sorella Michela e a mia cugina Carla ci sedevamo per terra e, con i sassi che avevamo conservato appositamente per questo, schiacciavamo i pinoli. Ne mangiavamo una gran quantità, ognuna con il proprio secchiello vicino.

Finiva sempre allo stesso modo: mani e faccia nere per via di quella polvere che ricopre i gusci di legno…

11. La buonanotte

Una cosa alla quale non rinuncerei mai, per nulla al mondo, è dare la buonanotte ai miei figli.

Per me non è semplicemente: «Ragazzi, spegnete

la luce, si dorme, buonanotte», accostando la porta, bensì chiudere la giornata con loro due, uno alla volta, godendomi quel momento di intimità.

Vuol dire dedicare a entrambi lo stesso tempo, prima a uno e poi all'altra.

Vuol dire sedersi sul letto e ritrovare quei riti che vengono ripetuti ogni sera, che fanno parte della storia della mamma con il figlio, in modo che il bambino sappia che quel momento è solo suo, suo e della sua mamma, che non lo potrà mai spartire con nessun altro.

Può durare un po' di tempo o solo pochi minuti, ma ci dev'essere.

In questo modo si crea un momento di grande complicità, in cui accade a volte che l'uno o l'altra mi raccontino qualcosa che magari ancora non mi avevano detto durante la giornata, o che abbiano voglia di una coccola o di giocare un po' di più.

È un momento soltanto nostro ed è impagabile, dà un senso a tutto il giorno, ti dà la chiusura della giornata più bella che ci possa essere, perché quando, prima di metterli a dormire, tu annusi tua figlia o tuo figlio, gli dai quell'annusatina sul collo, tra l'orecchio e la spalla, senti quel profumino che è solo di tuo figlio e di nessun altro, lo sbaciucchi, gli rimbocchi le coperte e gli dici: «Buonanotte amore, a domani».

Bene, quello è il tuo ruolo, il tuo compito più alto.

Solo così, quando accosti la porta, puoi andare finalmente a letto tranquilla.

«Prendete in mano la vostra vita
e fatene un capolavoro.»

PAPA GIOVANNI PAOLO II

DICON

) DI LEI...

«F come Frizzante. Non si stanca mai... Mentre fa una cosa ne sta già pensando altre cento!

E come Eternamente giovane (tutte noi amiche ci chiediamo ogni volta: 'Ma come fa!!??')

D come Divertente. Cavallo di battaglia in assoluto: le imitazioni! Ci fa ridere fino alle lacrime.

E come Entusiasta della vita.

R come Racconti... è davvero uno spasso quando racconta i suoi aneddoti!

I come Impossibile dirle di no! Ti ipnotizza, ti ammalia e tu la segui senza fiatare ovunque lei voglia andare...

C come Cazzuta! (si può dire?) Donna tosta, decisionista, tutta d'un pezzo.

A come Amica. Ormai ci conosciamo da quasi dieci anni (!) e lei è la nostra cara amica Fede. La Panicucci c'è sempre appena la vedi, ma per noi ormai passa in secondo piano. Siamo subito NOI, un gruppo di amiche che si vogliono un bene sincero.»

— ANNA

«Federica è l'amica che tutte vorremmo: generosa, affettuosa e divertente, nonché multitasking e molto organizzata! Dove ceneremo il terzo sabato della prossima estate? Io non lo so ma lei sicuramente ha già prenotato!»

— BETTY

«La prima volta che la vidi pensai: è perfetta. Negli anni questa frase si è trasformata perché ho scoperto i suoi lati più profondi e segreti che oggi mi fanno dire 'Averla come amica è un privilegio'. Federica è fragile quanto forte, tenera quanto ironica. Permalosa, ma solo per poi farsi coccolare un po' di più. A volte sembra fredda, ma solo per poter tenere segreta una lacrima.»

— EVA

«Il ristorante Panicucci è sicuramente uno dei locali più popolari e chic di Milano. L'insegna mette un po' in soggezione: con un nome così famoso ti fai grandi aspettative. Ma quello che tanta gente non sa è che la realtà è molto più semplice di quello che si pensi. Federica sa sempre strapparmi una risata e farmi sentire a casa, con la sua spiccata intelligenza e il senso dell'umorismo. Donna instancabile, è un vero e proprio carro armato. Che tu voglia una cena di gala o sia in fame chimica data dai troppi bicchieri di rosé, il ristorante Panicucci sarà sempre la miglior scelta che tu possa fare e ti accoglierà sempre a braccia aperte. Voto 10.»

— CHICCA

Finito di stampare presso Grafica Veneta S.p.A.
Via Malcanton, 2 - Trebaseleghe (PD)
Printed in Italy